Ich weiß, wo's langgeht!

Ein Leitfaden für die Grundschule zur Förderung sozialer und personaler Kompetenzen

Anke A. Remmel

Mildenberger

„Liebe ist geduldig und freundlich.
Sie ist nicht verbissen, sie prahlt nicht und schaut nicht auf andere herab.
Liebe verletzt nicht den Anstand und sucht nicht den eigenen Vorteil,
sie lässt sich nicht reizen und ist nicht nachtragend …
Liebe ist immer bereit zu verzeihen, stets vertraut sie,
sie verliert nie die Hoffnung und hält durch bis zum Ende."

Die Bibel, 1. Korintherbrief Kapitel 13, Verse 4-5 und 7

… für unsere Schüler.

Bestell-Nr. 130-30 · ISBN 978-3-619-01330-2

Internetadresse: www.mildenberger-verlag.de
E-Mail: info@mildenberger-verlag.de

Auflage 5 4 3 2
Jahr 2014 2013 2012 2011

Illustrationen: Anke A. Remmel
Druck: Appel & Klinger Druck und Medien GmbH,
96277 Schneckenlohe
Gedruckt auf umweltfreundlichem Papier.

Danksagungen

Dass eine junge Lehrerin ein neues Lehrwerk schreiben kann, ist das Resultat zahlreicher Hilfen und der Unterstützung vieler tatkräftiger Menschen. Ihnen danke ich ganz herzlich:

- Dem Mildenberger Verlag, der das Lehrwerk „Ich weiß, wo's langgeht!" – Ein Leitfaden für die Schule in sein Verlagsprogramm aufgenommen hat
- Meiner pädagogischen Beraterin, meiner Mutter Elke Herrmann, für ihre Begeisterung für meine Arbeit und ihre Geduld beim Korrekturlesen.
- Von meiner tollen Weststadtgrundschule Bühl:
  Meiner Chefin und Mentorin, bei der ich als Junglehrerin acht Jahre lang unterrichten und lernen durfte, Marita Beyme – sie hat mich motiviert, meine Stärken erkannt und ihr Vertrauen in mich gesetzt.
- Meinem ersten Dream-Kollegium:
  Sigrid Salomon – in der jahrgangsübergreifenden Patenschaft unserer Klassen setzten wir dieses Unterrichtsmaterial erfolgreich ein.
  Gabriele Hosp, Anja Leppert-Markl, Nicke Lubba, Ursula Meier, Margret Obermann, Stefanie Reutter, Edith Sehn-Wörner, Maike Wegener und dem Sozialpädagogen Dominik Springmann.
- Dem Schulhauspflege-Team:
  Hausmeister Artur Dresel, den Reinigunsladys Frau Lydia Garbotsch und Frau Elena Nowak. Den beiden Sekretärinnen Frau Irmgard Hettler und Frau Inge Hettler, dem Kernzeit-Team Frau Karin Müller und Frau Sabine Schröder.
- Meinen singenden „Schätzen", der Klasse 4b des Jahrgangs 2007/08, deren großartige Schülerwerke aus den letzten vier Jahren in diesem Buch zu bewundern sind, als auch ihren kooperativen, freundlichen und hilfsbereiten Eltern.
- Meinen treuen Korrekturlesern und Geschwistern Maike und Dirk Herrmann; meinen Schwägerinnen Irmgard Herrmann und Judith Remmel.
- Dem besten Ehemann aller Ehemänner: Timo, meinem Retter und Helfer.
- Und Jesus, meiner Energiequelle.

Inhalt

Liebe Leserin und lieber Leser,

Kinder stark zu machen hat für Pädagogen höchste Priorität. Doch was benötigen Kinder, um eine starke Persönlichkeit zu entwickeln? Sie brauchen „Herzenswärme, klare Regeln und Freiräume" – zu Hause, aber auch vor allem in der Schule. Innerhalb dieses sogenannten „magischen Dreiecks"[1] entfalten Kinder ihre personalen und sozialen Kompetenzen, die für eine erfolgreiche Schullaufbahn als auch berufliche Karriere entscheidend sind. Aber wie übertrage ich als Pädagoge „das magische Dreieck" in die Praxis und wie mache ich Schülern Werte und Regeln begreiflich? Im Lehrerhandbuch zum Portfolio „Ich weiß, wo's langgeht!" finden Sie erprobte Methoden, Materialien und eine Kompetenzanalyse. Mit deren Einsatz im Unterricht unterstützen Sie Kinder sowohl einfach als auch effektiv bei ihrer Persönlichkeitsentwicklung. Da dieses Buch alle wichtigen Werte und Regeln auf einen Blick zur Verfügung stellt, können Sie in kurzer Zeit einen Verhaltenskodex speziell für Ihre Schülerschaft zusammenstellen. Damit schaffen Sie nicht nur einen klaren Maßstab für soziale und personale Kompetenzen, sondern fördern auch das individuelle Rechtsbewusstsein und die Empathie jedes einzelnen. „Ich weiß, wo's langgeht!" ist ein attraktiver Leitfaden für Kinder.

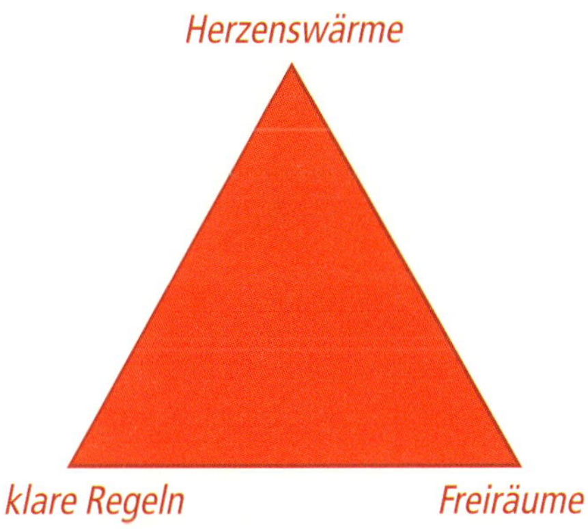

Er umfasst folgende neun Arbeitsbereiche:

1. „Ich und meine Grundschule"
2. „Verhaltensregeln"
3. „Gesprächsregeln"
4. „Streitkultur"
5. „Umgangsformen"
6. „Arbeitsregeln"
7. „Sicherheitstipps" für alle Bereiche des schulischen Lebens
8. „Ich-Spezial" mit Selbstbeobachtungsprotokollen
9. „Überraschung" – die Sammelstelle für Schülerdokumente

Jedes Kind führt mit seinem Portfolio „Ich weiß, wo's langgeht!" auch ein Logbuch über den eigenen persönlichen Werdegang. Es spiegelt die Seele und einzigartige Persönlichkeit jedes Schülers wider.
Ihnen, liebe Leserinnen und Leser, wünsche ich weiterhin viel Erfolg und die Begeisterung für die Faszination der Einzigartigkeit des Menschen bei Ihrer anspruchsvollen Aufgabe, Kinder stark zu machen. Ich grüße Sie mit den magischen Worten „Yes, we can!" oder wie Bob, der Baumeister, sagen würde: „Yo, wir schaffen das!"

Ihre Anke A. Remmel

[1]Vgl. Hurrelmann/Unverzagt, Kinder stark machen für das Leben, S. 63

„Ich weiß, wo's langgeht!" ist ein Leitfaden für Kinder, mit dem sie ihren Schulalltag erfolgreich bewältigen können. Gleich einer befestigten, leuchtenden Schnur, die einen sicher und anschaulich durch das Regel- und Wertelabyrinth hindurchführt.
Er beinhaltet **Tipps** für positives und selbstbewusstes Auftreten, konzentriertes Arbeiten und sicherheitschaffende Verhaltensweisen; auf dem Schulweg und auf dem gesamten Schulgelände.
Genauso enthält er alle entscheidenden **Regeln und Werte** und schafft damit einen klaren Maßstab für soziale und personale Kompetenzen. Dieser Leitfaden bietet die Möglichkeit, in kurzer Zeit einen allgemeinverbindlichen als auch individuellen Wertekanon zusammenzustellen. Durch die Erarbeitung der aufgezeigten Richtlinien wird das individuelle **Rechtsbewusstsein** sensibilisiert.
Jedes Kind führt mit seinem Portfolio auch ein Logbuch über den persönlichen Werdegang. „Ein Logbuch (das ist die Protokollierung des täglichen Lebens), die bewusste Mitteilung des Gelernten an andere (Präsentation), die Sammlung der eigenen Leistungen (im Portfolio) leisten mehr für das Qualitätsbewusstsein als Lehrerurteil und Zensur."[2]
Es spiegelt gleichsam die Seele des Kindes wider.
Die Auseinandersetzung mit den Inhalten dieses Lehrwerks fördern Empathie, Einsicht und damit die Nachhaltigkeit für deren Umsetzung im Schulalltag.
Pädagogen, die diesen Leitfaden im Unterricht einsetzen, dokumentieren damit ihre kostbare Arbeit im Bereich der Regel- und Wertevermittlung als auch des Erziehungsauftrages. Das bedeutende Ziel durch die Arbeit mit diesem Buch ist: Kinder bei ihrer umfassenden Ausbildung zu einer starken Persönlichkeit entscheidend zu unterstützen und damit den Rahmen für erfolgreiches Lernen zu bilden.

1 Vorbereitungen für den Unterricht

1.1 Bearbeitungsformen für Schüler

Vor der inhaltlichen Bearbeitung der Arbeitsblätter steht der Eintrag des Datums, des Alters und natürlich des Namens (gleich einem Logbuch). Schülern sollte die Wichtigkeit der Arbeit mit dem Portfolio vor Augen geführt werden. Mithilfe des Bildes eines Kapitäns, der sein Schiff (oder auch Raumschiff) steuert, kann man ihnen veranschaulichen, diese wichtigen Aufgaben gewissenhaft auszuführen. Sie selbst steuern ihr Verhalten, sie selbst sind verantwortlich für ihre Entscheidungen, sie selbst führen dieses Buch zuverlässig – wie eben ein echter Kapitän. Nur auf diese Weise ist eine Entwicklung erkennbar. Schaut ein Kind sich nach Monaten, Jahren oder gar als Erwachsener sein Portfolio „Ich weiß, wo's langgeht" mit stolzen Augen an, ist es immer eine große Enttäuschung, wenn das Datum fehlt und man nicht mehr weiß, in welchem Alter diese Arbeit angefertigt wurde.
Jedes Kind erhält für die Gestaltung des Portfolios „Ich weiß, wo's langgeht!" viel Raum zur Eigenaktivität. Der Mut zum individuellen Kunstwerk, zur persönlichen Kreativität und die Vorstellungskraft werden dabei gefördert.

Anfangs steht als gestalterisches Element die Bildersprache im Vordergrund wie Zeichnungen und Fotos, die eine Situation dokumentieren.

Im Laufe der Zeit kommt freies Schreiben hinzu oder ein Arbeitsblatt wird ausschließlich mit Text als auch in Form von Clustern und Mindmaps bearbeitet.

Umfragen oder Interviews können schriftlich festgehalten werden.

Die möglichen Sozialformen sind jeweils auf der Kommentarseite vermerkt.

[2]Vgl. von Hentig H., Bildungsplan Grundschule Baden-Württemberg, S. 16

Die meisten Arbeitsblätter sind als Hausaufgabe einsetzbar, da
- der Charakter der Aufgabenstellung nur leicht variiert (Vereinbarung mit Eltern, beim Gestalten nicht zu helfen! Siehe III. Kopiervorlagen – Elternbrief, S. 47).
- Kindern zu Hause meistens mehr Zeit zur Verfügung steht, um sich in ihre kreative Arbeit hineinzuvertiefen.
- sich Eltern dabei über Werte- und Regelvermittlung informieren können.
- die Auseinandersetzung mit dem Inhalt gefestigt wird, indem dieser am nächsten Tag bei der Hausaufgabenbesprechung (Präsentation) wiederholt wird.

Material
- Das Lehrerhandbuch „Ich weiß, wo's langgeht!"
- Ein Portfolio „Ich weiß, wo's langgeht!" für jedes Kind
- Eine magnetisierte Tafel und Magneten der Schüleranzahl entsprechend
- Ggf. für jedes Kind einen Ordner (und evtl. Prospekthüllen).

Dadurch, dass die Arbeitsblätter heraustrennbar sind, eröffnet sich die Möglichkeit der Präsentation an der Tafel. Die **Magnete und die magnetisierte Tafel** haben den Vorteil, dass alle Blätter der Klasse zu einer Regel schnell, einfach und für alle gut sichtbar präsentierbar sind.

Die herausgetrennten Blätter können anschließend in dem **Hefter** verwahrt werden. Für den Fall einer Verwahrung in einem separaten **Ordner** sind die beiliegenden Registerblätter besonders nützlich. Sie können durch die Verstauung in Prospekthüllen, durch die Nutzung von Heftstreifen oder der Kombination von beidem „sichtbarer" gemacht werden.

Für den Fall der Archivierung der Blätter in gesondertem Ordner eignen sich auch die handelsüblichen **Prospekthüllen**, um die kostbaren Kunstwerke und Dokumente vor Abnutzung zu schützen. Dabei ist es ökonomisch, in eine Hülle zwei Arbeitsblätter einzufügen (Vorder- und Rückseite). In der Mappe werden die noch unbearbeiteten Arbeitsblätter am besten beim Lehrer aufbewahrt, damit neugierige Schüler durch Spicken nichts vorweg nehmen können.

2 Aufbau des Portfolios

Der Leitfaden für die Schule „Ich weiß, wo's langgeht!" besteht aus den Arbeitsfeldern:

Identifikation / Zugehörigkeit

Kapitel 1 „Ich und meine Grundschule"

Regeln / Werte

Kapitel 2 „Verhaltensregeln"

Kapitel 3 „Gesprächsregeln"

Kapitel 4 „Streitkultur"

Kapitel 5 „Umgangsformen"

Kapitel 6 „Arbeitsregeln"

Kapitel 7 „Sicherheitstipps"

- Im Klassenzimmer
- Im Schulhaus
- Auf dem Schulgelände
- Auf dem Schulweg
- Bei Ausflügen

Reflexion

Kapitel 8 „Ich-Spezial"

In die Erarbeitung des Kodexes greift der dritte Arbeitsbereich, „das Reflektieren eigener Verhaltensweisen".
In diesem Kapitel befinden sich Selbstbeobachtungsprotokolle für Schüler. Die Auseinandersetzung mit diesen Protokollen unterstützt Kinder bei der Entwicklung ihrer Selbsteinschätzung. Daran sollte immer wieder gearbeitet und so der eigene Lernfortschritt reflektiert werden.
Gleichermaßen begeben sich Schüler mit dieser Vorgehensweise auf den Weg, einen Lebensplan zu entwickeln.

Kapitel 9 „Überraschung"

Das letzte Kapitel ist eine Sammelstelle für kostbare Dokumente, die sich ein Schüler im Laufe seiner Schulzeit erarbeitet wie z. B. Urkunden, Fahrradführerschein, selbst verfasste Geschichten oder Bilder usw.

Für die Lehrkraft bietet sich im Handbuch eine etwas andere Nutzung an. Mithilfe von dort hinterlegten Notizen (z. B. „erstes Referat am 23.03.09") lässt sich gut der Überblick behalten, welche Dokumente bei den Kindern dort abgelegt sein werden. Auch selbst erstellte Kopien (z. B. „Füllerpass") lassen sich dort gut verwahren und wiederfinden.

Für die Erarbeitung des Portfolios gibt es folgende Möglichkeiten:

A) Besonders empfehlenswert ist die Erarbeitung der Basisregeln nach dem 8-Wochen-Programm (siehe Seite 12) direkt zum Anfang des Schuljahres. Aus den Kapiteln 2 bis 7 („Verhaltensregeln" bis „Sicherheit") werden 20 Arbeitsblätter ausgewählt, die die Grundlage für eine positive Lernatmosphäre bilden.

B) Die Arbeitsblätter können der Reihe nach durchgenommen werden.

C) Die Inhalte können individuell, der Klassensituation entsprechend, zusammengestellt werden.

D) Für fortgeschrittene Klassen eignet sich die Methode, diese selbst (Klassenrat) darüber entscheiden zu lassen, welche Regel sie gemeinsam erarbeiten möchten.

3 Unterrichtsgestaltung mit dem Lehrwerk „Ich weiß, wo's langgeht!"

Für die Erarbeitung eines Regelarbeitsblattes sind folgende Schritte behilflich:

1. Problem veranschaulichen und zutreffende Regel mitteilen
2. Erarbeitung hilfreichen Verhaltens
3. Austausch
4. Behilfliche Regel formulieren und in Kraft setzen
5. Arbeitsauftrag: Thema und Gestaltung
6. Präsentation und Erfahrungsaustausch
7. Konferenz

3.1 Problem veranschaulichen und zutreffende Regel mitteilen

Ein Schüler oder Lehrer

- schildert eine Situation oder erzählt eine Geschichte,
- zeigt ein Bild, welches eine bestimmte Sachlage darstellt; das Resultat eines Erlebnisses z. B. Verletzung, beschädigten Gegenstand etc,
- führt ein Rollenspiel oder eine pantomimische Darbietung zu einem erlebten Vorfall vor.

Anschließend teilt der Lehrer die entsprechende Regel mit. Gerade im Anfangsunterricht sind **Regeln** und Werte vom **Lehrer** deutlich zu vermitteln und zügig einzuführen, damit negative Angewohnheiten keine Wurzeln schlagen können.

3.2 Erarbeitung hilfreichen Verhaltens

Zu der aufgezeigten Thematik

- werden im Klassenverband Schülervorschläge gesammelt,
- überlegen sich Schüler Begründungen für die Notwendigkeit der aufgestellten Regel.

Sollte noch etwas Zeit zur Verfügung stehen, können dazu Vorschläge/Ideen in Partner- oder Gruppenarbeit entwickelt und anschließend vorgetragen werden (z. B. Plakat, Bericht, Bild, Rollenspiel, Pantomime).

3.3 Austausch

Im Klassengespräch werden weitere entsprechende Erlebnisse mit den Schülern zusammengetragen und mögliche alternative Verhaltensweisen besprochen.

3.4 Behilfliche Regel formulieren und in Kraft setzen

Lehrer oder Schüler wiederholen die erforderliche Regel und halten diese im Klassen- oder Schulverband **mündlich**, **schriftlich** (Plakat, sog. „Schülervertrag", ein Vermerk in das Schul- oder Klassenratsheft etc.) und **individuell** (erfolgt beim Gestalten des Portfolios „Ich weiß, wo's langgeht!" ⇨ siehe nächster Schritt Nr. 3.5) fest.

3.5 Arbeitsauftrag

Sozialform

Abwechselnde Sozialformen wie Einzelarbeit, Partner- oder Gruppenarbeit sind anwendbar.

Thema

Jeder Schüler wählt für sich zu der Regel ein passendes Erlebnis aus. Fällt einem Kind kein persönliches Erlebnis ein, kann es sich eines aus den gemeinsam besprochenen Vorfällen aussuchen (fördert Empathie).
Die Lehrkraft gibt den Kindern Anweisungen:
☹ „Zeige im Heuli-Feld, wie du gegen diese Regel verstößt."
☺ „Im Lächli-Feld stellst du wieder dich in der gleichen Situation selbst dar – aber diesmal hältst du die Regel ein."

Gestaltung

Entweder der Lehrer gibt eine gestalterische Technik vor oder aber Kinder dürfen diese selbst auswählen. Alle zur Verfügung stehenden Stiftarten oder Farben sind einsetzbar. **Das Malen mit Buntstiften** hat sich im Schulalltag besonders bewährt. Diese sind in der Schule als auch zu Hause stets griffbereit und bieten vielfältige Gestaltungsmöglichkeiten.

Auf folgende Punkte kann bei der Gestaltung besonders geachtet werden:
Beim Zeichnen

- Vollständigkeit der Personendarstellungen
- Umfeld- und Hintergrundgestaltung
- sauberes Ausmalen
- blasser oder kräftiger Farbauftrag
- gestalterischer Unterschied zwischen Zeichnungen mit der Buntstiftspitze oder -seite
- Einsatz weicher Bleistifte wie z. B. B5

Ergänzung für Fortgeschrittene

Sind die Schüler mit dem Arbeiten im Portfolio „Ich weiß, wo's langgeht!" vertraut, können folgende **Gestaltungskriterien** hinzugezogen werden:

- Gestalte stets den Hintergrund! (z. B. Verwischtechnik mit Holzfarbenspänen)
- Arbeite sauber!
- Verwende mehrere Farben, … nur den Bleistift, … nur Schwarz!
- Versuche nicht zu radieren!
- Zeichne deine Figuren vollständig (Gesicht, Hände, Haare usw.)!
- Zeichne das Umfeld detaillierter (z. B. Klassenzimmer mit wiedererkennbaren Gegenständen darstellen usw.)!
- Schreibe zu deinen Bildern etwas dazu!

Zeitaufwendigere Techniken
Neben den klassischen Zeichentechniken gibt es auch noch andere Gestaltungsmöglichkeiten, die verwendet werden können:

- Collage, Frottage und Malerei (für den Einsatz von Wasserfarben ist zu berücksichtigen, dass sich das Papier verformt)
- Rollenspiel und Pantomime, unter Miteinbeziehung von Fotografie (auch Eltern oder Schüler als Fotograf engagieren)
- Schreiben: freies Schreiben, Be- und Überschriften, Stichwörter, Sprechblasen, Cluster, Mindmapping ...
- Texte schreiben: Bericht, Erlebnis-, Fantasie- oder Nacherzählung
- Bildergeschichte, Comic
- Umfragen, Interviews

3.6 Präsentation und Erfahrungsaustausch

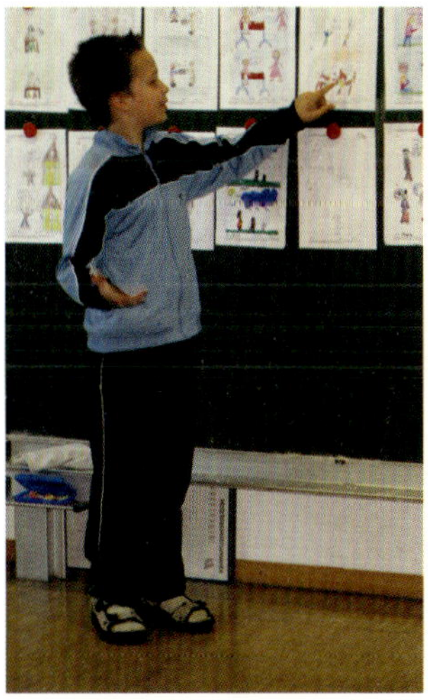

Die Kunstwerke betrachten alle gemeinsam, indem z. B. alle Blätter mit einem Magnet nebeneinander an der Tafel hängen. Am Anfang der ersten Klasse kann ein Lehrer die einzelnen Arbeiten vorstellen, um so seine Schüler zum Präsentieren hinzuführen. Mit dem Ziel, dass Schüler so bald als möglich ihre Arbeiten selbst präsentieren. Jedes Kind sollte die Chance erhalten, seine Überlegungen und/ oder Vorgehensweise kurz vorstellen zu dürfen.
Im Laufe der Zeit gelingt es den Kindern, mit ihrem Werk mutig vor die Klasse zu stehen und es näher zu erläutern. Dabei wird Selbstbewusstsein aufgebaut und das freie Berichten vor einer Gruppe trainiert. Diese Vorgehensweise im Klassenverband fördert die Empathie der Schüler, der Klassenzusammenhalt wird gestärkt und aufs Neue wird den Kindern bewusst: „Wir brauchen diese Regel, damit es uns allen gut geht."
Fortgeschrittene sollten verstärkt auf ihre Sprache, Inhalte und Körperhaltung achten.

3.7 Konferenz

Je nach Zeit und Entwicklungsstand der Klasse wird nach der einzelnen Präsentation die Arbeit kurz besprochen, d. h. anhand der Kriterien des Arbeitsauftrags gelobt (siehe unten: Achtung – für Klasse 1/2!), Verbesserungsvorschläge gemacht oder Alternativen diskutiert. Bereits erfahrene Klassen können Blätter zur Bewertung nach bestimmten Kriterien auf den verschiedenen Tafelseiten gruppieren, z. B. nach gut gezeichnet/sauber gearbeitet/tolle Idee.

Achtung – für Klasse 1/2!
Viele Schulanfänger sind noch unsicher. Dies erfordert ein besonders behutsames Vorgehen seitens des Lehrers bei der Einführung des Leitfadens für die Schule „Ich weiß, wo's langgeht!". Noch neu an der Schule, legen Erstklässler beim Zeichnen und Malen hohe Ansprüche an sich selbst, um ihren Eltern zu zeigen, dass sie die Schule erfolgreich meistern. Um an dieser Stelle den Druck etwas herauszunehmen, steht zuerst nur die Erfassung und Umsetzung des Inhaltes im Mittelpunkt. Eine wichtige Rolle spielen dabei anschauliche Beispiele und gemeinsame Ideensammlungen.
Negative Kritik an der bildnerischen Darstellung ist hier unbedingt zu vermeiden. Im Gegenteil, ein Lehrer sollte erste Werke besonders loben. So wird zum einen der Schüler ermutigt, seine individuelle Kreativität weiter zu entwickeln und zum anderen bei ihm die Grundlage gelegt, Kunstwerke später auch selbstbewusst zu präsentieren.

Zu Beginn der ersten Klasse sollte zu dem üblichen Schulwegtraining das Extrakapitel „Mein sicherer Schulweg" bearbeitet werden.

Auf dem Schulweg

- Meine schützende Kleidung
- Ich gehe auf dem Fußgängerweg
- Die Straße überquere ich so:
- Zebrastreifen und Ampeln überquere ich so:

Ritual

Bei regelmäßiger und methodisch ähnlicher Bearbeitung der Seiten dieses Portfolios kann sich ein Ritual entwickeln. Daraus ergeben sich zwei Vorteile: Zum einen kommt die Klasse durch die vertraute Vorgehensweise zügig voran und zum anderen tritt der Lehrer zunehmend in den Hintergrund.

Durch gemeinsame Veranschaulichungen des Problems als auch von Regelvereinbarungen befinden sich alle auf dem gleichen Informationsstand. Dadurch entsteht Allgemeingültigkeit.

Beurteilungskriterien für die Führung des Portfolio „Ich weiß, wo's langgeht!"

- Gestaltung: sorgfältig, schön, ausdrucksvoll, farbig, Blatt ganz ausgefüllt, Hintergrund, Personen vollständig dargestellt, Details zur Wiedererkennung des Umfeldes (Schule, Klassenzimmer etc.), sauber angemalt, humorvoll, kreativ, mit freiem Schreiben ergänzt usw.
- Inhalt: passende Situation gefunden und Thema getroffen
- Portfolioführung: ordentlich, gepflegt, vollständig, Seiten sind mit Name, Datum und Alter beschriftet
- Präsentation der Arbeitsergebnisse: Rhetorik, Körpersprache usw.

Beispiel einer Erarbeitungssequenz zu der Regel ♡ ⊡ „Ich tue niemandem weh!“

1 Problem veranschaulichen; zutreffende Regel mitteilen	Der Lehrer stellt der Klasse erzählerisch folgende Situation (nach aktueller oder konstruierter Begebenheit) vor Augen: „Heute ist Kurt mit Absicht auf Tinas Fuß getreten, weil er ihren Ball haben wollte. Damit hat er gegen die Regel ♡ ⊡ ‚Ich tue niemandem weh.‘ verstoßen.“
2 Erarbeitung hilfreichen Verhaltens	„Was hätte Kurt anders machen müssen?“ Schülervorschläge sammeln wie z. B.: „Kurt hätte Tina fragen können, ob er auch mal mit dem Ball spielen darf oder ob sie gemeinsam mit dem Ball spielen können …“ Lehrer bekräftigt: „Ja, diese Vorschläge helfen euch beim nächsten Mal.“
3 Austausch von ähnlichen Erlebnissen	Im Klassengespräch werden weitere entsprechende Erlebnisse zusammengetragen und alternative Verhaltensweisen besprochen.
4 Behilfliche Regel formulieren und in Kraft setzen	Der Lehrer wiederholt: „Wir brauchen die Regel: ‚Ich tue niemandem weh.‘“ Die gültige Regel wird im Klassenverband z. B. schriftlich im Klassenratsheft durch die Klassensprecher festgehalten.
5 Arbeitsauftrag Inhalt/Thema Gestaltung	„Wähle dir zu der Regel ein passendes Erlebnis aus. ☹ Zeichne in das Heuli-Feld, wie du gegen die Regel verstößt. ☺ In das Lächli-Feld malst du wieder dich selbst – in der gleichen Situation – aber diesmal hältst du diese Regel ein. Verwende Buntstifte, zeichne groß, damit alles gut zu erkennen ist. Versuche das ganze Blatt zu gestalten (⇨ Hinführung zum Layout). Denke daran, deinen Namen, das heutige Datum und dein Alter auf das Blatt zu schreiben (z. B. wie eine Künstlersignatur). Male dein Bild schön an. Das Arbeitsblatt ist deine Hausaufgabe.“
6 Präsentation/ Erfahrungsaustausch	Am nächsten Tag: Alle bearbeiteten Arbeitsblätter werden mit Magneten an der geöffneten Tafel befestigt und sie werden von allen gemeinsam betrachtet. Jeder Schüler stellt sein Werk inhaltlich kurz vor. Z. B. Pia: „☹ Ich malte, wie ich Susi gestern gestoßen habe, weil sie mich geärgert hat. ☺ Hier zeige ich, wie ich Susi nicht schlage, aber dafür sage ich zu ihr: ‚Ich möchte nicht, dass du mich ärgerst!‘“
7 Konferenz Inhalt/Thema Gestaltung	Der Inhalt steht im Mittelpunkt. Die Gestaltung wird nur in Bezug auf die erarbeiteten Kriterien betrachtet. Die Mitschüler sind der Ansicht, dass das Dargestellte passt, aber Pia solle ihren Hintergrund noch anmalen. Kinder, die das Thema beim ersten Versuch nicht erfasst haben, sollten nach persönlicher Absprache mit dem Lehrer zu der Regel ein neues Blatt gestalten.

Das 8-Wochenprogramm:
In drei Stufen durch den Leitfaden „Ich weiß, wo's langgeht!"

1. Identifikation/Zugehörigkeit

1. „Ich und meine Grundschule"

- Selbstporträt – Das bin ich.
- Das kann ich gut.
- Ich mit anderen
- Meine Schulfreunde

2. Basisregeln (20)

2. „Verhaltensregeln"

- Ich tue niemandem weh!
- Ich mache nichts kaputt!
- Ich nehme nichts weg!
- Ich helfe anderen!

3. „Gesprächsregeln"

- So reden wir miteinander.

4. „Streitkultur"

- Ich bleibe cool

5. „Umgangsformen"

- Wenn ich dir weh getan habe
- Ich bin höflich!
- Ich bin still und höre zu!
- Ich bin pünktlich!

6. „Arbeitsregeln"

- Ich melde mich und warte!
- Im Unterricht bin ich aufmerksam und leise!
- Ich bleibe an meinem Arbeitsplatz!
- Ich arbeite konzentriert und sorgfältig!
- Bin ich fertig, bleibe ich leise!
- Täglich brauche ich

7. „Sicherheit"

Im **Schulhaus**

- Ich renne nicht
- Ich nehme Rücksicht
- Ordnung hilft mir und anderen

Auf dem **Schulhof**

- Ich bleibe auf dem Schulhof!

3. Reflexion

☺ **„Ich-Spezial"**

⚀ So sehe ich das ☺ 😐 ☹

Nach den ersten Verhaltensregeln ist eine Einführung in die Arbeit mit Selbstbeobachtungsprotokollen sinnvoll. Folgende Symbole bedeuten:
☺ = kann ich gut, 😐 = gelingt mir manchmal, ☹ = gelingt mir überhaupt nicht.

Diese Protokolle immer wieder aufschlagen und Schüler ihr Verhalten Revue passieren lassen, damit diese sich selbst einschätzen lernen und sich neue Ziele stecken.

4 Hinweise zum Portfolio

Gliederung der Seitenkommentare

Auf jedem „Spickzettel" für Lehrer sind unverbindliche Vorschläge zu finden. Diese sind überschaubar in folgende Bereiche eingeteilt:

- Einleitung in das Thema eines Kapitels
- Einführung für die Bearbeitung eines Arbeitsblattes
- Sozialform
- Technik
- Aufgabe
- Hinweis
- Beispiele
- Folgen
- Tipp

Die Zuordnungen zu der jeweiligen Portfolioseite ist im unteren Bereich angegeben.
Z. B. ist der Seitenkommentar zu ⚀ „Ich bleibe cool" zu der Portfolioseite 27.

Inhaltsverzeichnis = Kontrollblatt
Das Inhaltsverzeichnis verwenden Schüler gleichermaßen als **Kontrollblatt**. Um überschaubar festzuhalten, welche Seiten bereits bearbeitet wurden, können die Symbole und Würfel angemalt werden.

Schüler als Fotografen
Fotografieren ist nicht nur die Aufgabe Erwachsener. Auch Schüler sind ausgezeichnete Fotografen und kennen sich mit der Bearbeitung digitaler Bilder bestens aus.

Aufgabe
Mithilfe der klaren und leicht verständlichen Struktur der Arbeitsblätter können die Schüler die Aufgaben zügig von alleine erfassen und diese größtenteils selbstständig bearbeiten.

Dokumentation
Bei der Gestaltung der Seiten sollte für Schüler das Beschriften mit Namen oder Sprechblasen selbstverständlich werden. Daher wird darauf nicht nochmals hingewiesen. Dagegen wurden Empfehlungen für die im Mittelpunkt stehenden Bearbeitungsformen fettgedruckt hervorgehoben.

Aufbewahrung
Das Portfolio „Ich weiß, wo's langgeht!" kann sowohl als Heft verwendet werden oder aber die Seiten werden herausgetrennt und zur Dokumentation in einem Ordner verwahrt.
Die Ordner bzw. Mappen der Kinder, in denen sich die Portfolios befinden, sollten im Klassenzimmer einen festen Platz haben und stets griffbereit zur Verfügung stehen.

II. Zur Methode

Wie im Vorwort schon erläutert, benötigen Kinder „Herzenswärme, klare Regeln und Freiräume", um eine starke Persönlichkeit zu entwickeln. Anhand von Beispielen aus der Praxis wird gezeigt, wie dieses „magische Dreieck" umsetzbar wird (siehe Vorwort).

1 Lehrer vermitteln Wertschätzung und Herzenswärme

Ein wichtiges Element für eine offene, warme Schulatmosphäre ist Wertschätzung – etwas für kostbar erachten oder auch gegebenenfalls lieb zu gewinnen. Nun stellt sich die Frage, was es nun genau an einer Schule zu wertschätzen gibt.

1.1 Individuelle Stärken entdecken

1.1.1 Stärken eines Lehrers

Neben dem Anspruch an einen Lehrer, didaktisch und methodisch auf dem neuesten Stand zu unterrichten, erwartet man von ihm auch sozialpädagogische wie psychologische Kompetenzen. Ein „guter" Lehrer sollte dazu noch als „Animateur" für Schüler und Eltern sowie als Erziehungsratgeber tätig sein. Angesichts dieser hohen Anforderungen ist es verständlich, wie leicht man sich als Lehrer unzufrieden fühlen kann. Sich die eigenen Stärken bewusst zu machen, kann in solch einer Situation hilfreich sein. Vieles nimmt man leicht als selbstverständlich hin. Dabei können sich hinter diesen „Selbstverständlichkeiten" elementare Voraussetzungen verbergen, um ein positives Sozialklima zu schaffen und authentisch auftreten zu können. Es ist nicht nur für das eigene Wohlbefinden, sondern auch für das Vermitteln von Wertschätzung wichtig, sich die eigenen positiven Haltungen und Handlungsweisen Schülern gegenüber vor Augen zu stellen.

Checkliste: Meine Stärken[3] als Lehrerpersönlichkeit

Zutreffendes bitte ankreuzen:

	Ich lobe meine Schüler und Klassen.
	Ich freue mich, wenn sich unter Schülern neue Freundschaften bilden.
	Ich kann Fehler zugeben.
	Ich trage zu einer attraktiven Schulhausgestaltung bei.
	Ich respektiere jeden meiner Schüler als eigene Persönlichkeit.
	Ich muss nicht immer Recht haben oder immer gewinnen.
	Geht es einem meiner Schüler nicht gut, tröste ich ihn.
	Ich möchte ein positiveres Arbeitsklima schaffen, indem ich z. B. dieses Werk lese.
	Ich versuche jeden Schüler immer wieder auch für kleine Schritte zu loben.
	Ich möchte meinen Schülern Empathie entgegenbringen.
	Reagiere ich manchmal negativ, bemerke ich es selbst.
	Ich unterrichte gerne.
	Ich führe mit der Klasse ansprechende Aktionen durch wie z. B. Ausflug, Wanderung, Lehrgang, Lesenacht, Kino usw.
	Es ist mein Wunsch, Schüler zu motivieren.
	Für Elterngespräche möchte ich mir mehr Zeit nehmen.

[3] Vgl. Eckardt, Regeln finden – Regeln einhalten, S. 13

Persönliche Ziele

Da der Entwicklungsprozess von Schlüsselqualifikationen ein Leben lang andauert, stellt sich für Lehrer in diesem Bereich die Frage einer persönlichen Zielsetzung: Welche Eigenschaften möchte man noch ausbauen[4]?

Güte	Geduld
Durchsetzungsfähigkeit	Vertrauen in Schüler
Kompromissbereitschaft	Berechenbarkeit
Beherrschtheit	In sich ruhen
Warmherzigkeit	Vorbildfunktion
Gelassenheit	Sonstiges ...

1.1.2 Stärken eines Schülers

Neben der Wahrnehmung der eigenen Stärken als Lehrkraft ist es genauso von Bedeutung, Stärken jedes Schülers zu kennen. Dies gilt nicht nur im Bereich der Sachkompetenz (sogenannte Hard Skills), sondern auch in den Bereichen der sozialen wie personalen Kompetenzen und der individuellen Charakteristika. Zu diesen drei Bereichen, den sogenannten Soft Skills, ist hier als Information eine Übersicht mit Stichpunkten dargestellt. Durch diese Checkliste wird die Blickrichtung auf Stärken der Kinder außerhalb der Sachkompetenz geschult. Dies ermöglicht eine neue Wahrnehmung des Schülers, weg von seinen negativen Eigenschaften hin zu seinen guten Seiten. Bei so vielen Punkten wird sicherlich bei jedem Schüler Positives entdeckt. Gleichzeitig verdeutlicht diese lange Auflistung einerseits, wie wichtig das Arbeiten an Werten und Regeln ist und andererseits, dass dies Zeit erfordert. Doch dieses Werk soll Lehrern die Vorbereitung dafür soweit als möglich erleichtern.

Schüler-Kompetenzenanalyse[5] – Checkliste

Personalkompetenz
a) Betrifft Fähigkeiten bzgl. Auseinandersetzung mit der eigenen Person
1. Selbstwahrnehmung
2. Selbsterkenntnis
3. Realistische Selbsteinschätzung
4. Selbstkritik/Unrechtsempfinden
5. Vertrauen in die eigene Person
6. Selbststeuerung (Kontrolle)
7. Selbstdarstellung
8. Urteilsvermögen

[4]Vgl. Eckardt, Regeln finden – Regeln einhalten, S. 32
[5]Siehe auch Formular Anhang III, S. 37

b) Betrifft eigenes Handeln innerhalb einer Gruppe
1. Zuverlässigkeit
2. Genauigkeit
3. Leistungsbereitschaft
4. Lernbereitschaft
5. Verantwortungsbewusstsein
6. Pflichtbewusstsein
7. Problemlösebewusstsein
8. Ehrgeiz
9. Engagement
10. Pünktlichkeit
11. Durchhaltevermögen
12. Flexibilität
13. Urteilsvermögen
14. Frustrationstoleranz
15. Aufrichtigkeit/Ehrlichkeit
16. Teamfähigkeit

Soziale Kompetenz
Im Umgang mit Menschen sozial angemessene Verhaltensweisen[6]
1. Empathie
2. Rücksichtnahme
3. Konfliktlösefähigkeit
4. Versöhnlichkeit
5. Anpassungsfähigkeit
6. Sensibilität
7. Offenheit
8. Zivilcourage
9. Kooperationsfähigkeit
10. Hilfsbereitschaft
11. Kommunikationsfähigkeit
12. Rollendistanz
13. Respekt
14. Kontaktfreudigkeit
15. Fürsorglichkeit
16. Interesse am Gemeinwohl
17. Freundschaften schließen/pflegen

[6] Vgl. Grünkorn/Pfriem, Klärung schulpädagogischer Begriffe aus der Sicht Arbeitslehredidaktik

Schüler-Analyse individuelle Charakteristika[7]
1. Humor
2. Ausstrahlung von guter Laune
3. Optimismus
4. Ausgeglichenheit/Ruhe
5. Gutmütigkeit
6. Begeisterungsfähigkeit
7. Mut
8. Gerechtigkeitssinn
9. Aufrichtigkeit/Ehrlichkeit
10. Großzügigkeit
11. Ordnungsliebe
12. Gutes Benehmen/Höflichkeit
13. Fleiß
14. Freundlichkeit
15. Freude am Lernen
16. Fantasie/Kreativität
17. Besondere Begabungen: z. B. Rhythmusgefühl, Schach …

Durch die Bereitschaft Stärken anzuerkennen, wird Wertschätzung möglich.

Mit dem Leitfaden für die Schule „Ich weiß, wo's langgeht!" werden personale und soziale Kompetenzen gefördert und gestärkt. Im Anhang (S. 36) finden Sie dazu eine Kompetenzanalyse, mit der man für jeden Schüler eine Art Profilskizze erstellen kann.

Diese Checklisten dienen ausschließlich als Motivation und Orientierungshilfe. Der Mensch ist keine Maschine, niemand ist perfekt. Gerade an dieser Stelle ist darauf zu achten, dass man sich nicht zu viel vornimmt, Schüler überfordert oder in eine „Schublade" drängt.

1.1.3 Schulstärken – Schulprofil

Zum Bereich „Schülern und Eltern Wertschätzung zeigen" zählt auch das Engagement und das individuelle Profil einer Schule. Jede Schule hat ein speziell für die eigene Schülerschaft entwickeltes Programm wie z. B. Förderkurse, Arbeitsgemeinschaften, Veranstaltungen usw., mit dem sie auf die Bedürfnisse von Schülern und Eltern eingeht.

[7] Vgl. Eckhardt, Regeln finden – Regeln einhalten, S. 14

1.2 *Kritisieren ohne zu kränken*

1.2.1 *Ich-Botschaften*

Bei einer Meinungsverschiedenheit schlagen Ich-Botschaften Brücken zwischen Sender und Empfänger – sie signalisieren aufrichtige Gefühle wie z. B. „Ich bin verärgert …“. Sie geben dem Schüler die Chance eigenverantwortlich zu handeln, da sie keine Vorschriften enthalten. Dagegen vermitteln Du-Botschaften wie z. B. „Du hast schon wieder den Unterricht gestört!“ „Angriff“ und vertiefen so die Kluft zwischen den Kontrahenten bei einem Konflikt[8].

Wie man Du-Botschaften zu Ich-Botschaften umformen kann:

1. „Du störst den Unterricht!“ ⇨ „Die Klasse und auch ich können sich nicht auf den Unterricht konzentrieren.“
2. „Du hast deine Hausaufgaben nicht gemacht.“ ⇨ „Ich mache mir Sorgen, dass deine Noten sich durch die fehlende Übung verschlechtern.“[9]

1.2.2 *Ermutigen*

Ermutigen statt zu kritisieren oder zu verurteilen macht Kinder stark und nimmt ihnen die Angst vor Fehlern und Versagen.
Ermutigen bedeutet:

1. Den Fehler in den Hintergrund zu stellen,
2. Mut zu machen, „es“ immer wieder zu probieren und
3. die Überzeugung zu vermitteln, dass „es“ dem Kind gelingen wird.

„Heute warst du schon eine halbe Stunde aufmerksam, das schaffst du jetzt noch mal.“
„Heute wirst du bestimmt deine Hausaufgaben machen.“

1.2.3 *Der richtige Umgangston*

Der richtige Umgangston trägt ebenfalls dazu bei, ob wir ein Kind zu dem gewünschten Verhalten bewegen können. Kinder registrieren wohlwollend das Bemühen um eine respektvolle Ansprache. Schon Höflichkeit demonstriert einem Schüler, dass er von diesem Lehrer ernst genommen wird: „Ich verstehe, dass ihr den Ordnungsdienst nicht gerne macht, aber nur so bleibt euer Klassenzimmer schön.“ Viele Konflikte lassen sich vermeiden, wenn man eine Sprache der Ehrlichkeit, der Gleichberechtigung und des Respekts wählt: Statt „Halt jetzt den Mund!“ kommt es viel besser an, zu sagen: „Einen Moment bitte noch. Ich möchte gerne zu Ende sprechen“[10]. Eine respektvolle Ansprache spiegelt sich auch in der Körperhaltung wieder, indem man auf Augenhöhe und Blickkontakt mit dem einzelnen Schüler kommuniziert. Die Art und Weise, wie Lehrer ihre Klasse und Schüler ansprechen, prägt die Atmosphäre des Zusammenlebens und -arbeitens entscheidend.

1.2.4 *Gefühle spiegeln*

Für den Fall, dass ein Schüler sich einmal Luft macht, indem er z. B. die Mitarbeit verweigert und dazu noch Äußerungen wie „Sind das blöde Aufgaben …“ von sich gibt, kann es helfen, diese Aussage einfach zu wiederholen „So, diese Aufgaben findest du also blöd.“ Dadurch wird erst einmal die Luft aus den Segeln genommen, dem Schüler bleiben Belehrungen oder Kritik usw. erspart, er fühlt sich verstanden und vor allem, das Problem bleibt bei ihm selbst. In der humanistischen Psychologie spricht man auch von „Gefühle spiegeln“, dadurch erhält ein Kind die Gelegenheit, selbst nach der Lösung seines Problems zu suchen.[11]

[8]Hurrelmann/Unverzagt, Kinder stark machen für das Leben, S. 114/S. 115
[9]Vgl. Eckhardt, Regeln finden – Regeln einhalten, S. 55
[10]Hurrelmann/Unverzagt, Kinder stark machen für das Leben, S. 109

Mit welchen Antworten könnte man auf folgende Schülerbemerkungen Verständnis zeigen:

1. „Warum müssen wir immer Hausaufgaben machen?" – Mögliche Antwort: „Die Hausaufgaben fallen dir schwer, oder?"
2. „Der Paul ist ja so fies." – Denkbare Entgegnung: „Du bist ja richtig verärgert."[12]

Als Lehrer hat man jedoch das Problem, dass nicht nur ein, sondern eben viele Kinder anwesend sind und das Geschehen oft aufmerksam mitverfolgen. Um dem entgegenzuwirken, sollte man, wenn möglich, in diesen Momenten eines sehr persönlichen Gesprächs versuchen, sich in eine etwas abgeschirmte „Ecke" des Klassenzimmers zurückzuziehen. Selbstverständlich muss es aber auch je nach Situation möglich sein, ein Gespräch auf einen späteren Zeitpunkt unter vier Augen verlegen zu können.

1.3 Analyse des Schülerverhaltens

1.3.1 Warum-Fragen vermeiden

Welcher Grundschullehrer fragte einen Schüler nicht schon einmal nach dem „Warum?" und bekam als Antwort entweder eine kurze flapsige Aussage oder einen schier endlosen Roman, der jedoch nichts Informatives hergab. Sogar Schüler der vierten Klasse haben oft noch Schwierigkeiten, über ihre Beweggründe zu sprechen.[13] Fragen nach dem „Warum?" erreichen daher in der Regel keine positive Veränderung, dagegen kann sie Schülern das Gefühl vermitteln, wie ein Angeklagter vor Gericht sein niedriges Motiv preisgeben zu müssen. Durch eine andere Fragestellung wie z. B. „Wäre es vielleicht möglich, dass du mit diesem Verhalten Klassenkameraden beeindrucken möchtest – und meinst, so Freunde zu gewinnen?", gibt man einem Schüler die Chance, sein Gesicht zu bewahren, da ihm so Schuldzuweisungen erspart bleiben. Mit einer Vermutung dieser Art vermittelt ein Lehrer nicht nur, er weiß nicht alles, sondern er zeigt auch, dass er sich mit dem Schüler und dessen Handeln ernsthaft auseinandersetzt. Dementiert nun der Schüler die Vermutung des Lehrers, haben beide Seiten nichts verloren; stimmt der Schüler zu, weiß er sich vom Lehrer verstanden. Mithilfe dieser Erfahrung kann ein Kind eher Fehler zugeben und ist gewillter, sich positiv zu verhalten. Weniger ist mehr – mit Zurückhaltung und neutralen Fragen werden Schüler animiert, ihr Handeln zu reflektieren.[14]

Durch Regelübertretungen verfolgte Ziele[15]:

- Aufmerksamkeit erhalten
- Dominanz und Macht erreichen
- Rache üben
- Unfähigkeit demonstrieren

Die zahlreichen **Gründe für Regelübertretungen** können u. a. im psychischen, sozialen oder im gesundheitlichen Bereich liegen. Bei besonders auffallenden Kindern sollten Eltern sich an entsprechende Experten wie Psychologen, Ergotherapeuten oder an Beratungsstellen usw. wenden wie z. B. bei hyperaktiven Kindern oder in Fällen von ADHS.

[11] Hurrelmann/Unverzagt, Kinder stark machen für das Leben, S. 112
[12] Vgl. Eckhardt, Regeln finden – Regeln einhalten, S. 41/42
[13] Hurrelmann/Unverzagt, Kinder stark machen für das Leben, S. 110
[14] Eckhardt, Regeln finden – Regeln einhalten, S. 43
[15] Vgl. Dreikurs R., Psychologie im Klassenzimmer, S. 52-57

1.3.2 Beobachtung und Zuhören

Beobachten und Zuhören stehen vor einer Idee über den Beweggrund eines Schülers für einen wiederholten Regelverstoß:

- In welcher Situation
- und wie häufig tritt ein bestimmter Regelverstoß auf?
- Was ging dieser Situation voraus?

Leider bleibt für Beobachtungen im Unterricht nicht viel Zeit. Besonders bei großen Klassen ist es schwierig, allen gleichermaßen gerecht zu werden.
Dennoch sind Beobachten und Zuhören Grundlagen für das richtige Verständnis.

Besonders für Elterngespräche ist es wichtig, Beobachtungen **schriftlich** zu **dokumentieren**. Fallbeispiel: Ein Schüler neigte nur zu bestimmten Zeiten dazu, mittels Rausrufen, Arbeitsverweigerung u. Ä. im Unterricht die Aufmerksamkeit auf sich zu ziehen. Dieses Kind lebte bei einem Elternteil und sah den anderen, im Ausland lebenden Elternteil nur selten. Als Ritual tauschte sich seine Klasse im Rahmen eines Erzählkreises jeden Montag über das vorausgegangene Wochenende aus. Dabei fiel der Klassenlehrerin auf, dass sein störendes Verhalten immer nach einem Besuch des vermissten Elternteils oder auch nach einem ausbleibenden Treffen mit diesem auftrat. In mehreren Gesprächen bestätigten die Eltern diese Beobachtung. Durch die Zusammenarbeit konnte eine positive Verhaltensveränderung bei diesem Schüler erreicht werden. Mittels dieser Zeitinvestition wurde die Beziehung zwischen Lehrerin und Schüler, das Verhältnis der Eltern zur Schule (da ihr Kind nicht einfach als Störenfried abgestempelt wurde), das Selbstwertgefühl des Schülers, das gesamte Unterrichtsklima und auch die Berufszufriedenheit der Lehrerin deutlich verbessert – sozusagen „5 auf einen Streich".

1.4 Selbstwertgefühl des Schülers aufbauen

1.4.1 Selbstwahrnehmung fördern

Schüler entdecken im Unterricht Stärken wie Schwächen, die sich hauptsächlich auf fächerbezogene Leistungen wie „gut in Mathe zu sein" u. Ä. beziehen. Doch die Selbsteinschätzung von Kindern bezüglich ihrer **personalen, sozialen oder individuellen Charakteristika** (siehe auch Kapitel 1.1) ist in den meisten Fällen noch gering ausgebaut, da es ja für diese auch keine Bewertung z. B. in Form von Noten, oder selten eine klare Rückmeldung erhält. In der Regel ist es ihnen nicht einmal bewusst, dass Fähigkeiten wie Zuverlässigkeit, Durchhaltevermögen oder Respekt usw. von entscheidender Wichtigkeit für den schulischen Erfolg sind.

1.4.2 Lehrer sind Talententdecker

Sie haben die Aufgabe, ihre Schüler zum einen über die verschiedenen Fähigkeiten aus allen Kompetenzbereichen in Kenntnis zu setzen und zum anderen, ihnen den erforderlichen Erfahrungsspielraum für den Ausbau dieser Kompetenzen zur Verfügung zu stellen. Dazu benötigen Kinder die Möglichkeit, sich selbst zu reflektieren und durch Lehrer oder Klassenkameraden Feedback zu erhalten. Konkret kann das bedeuten, ein Kind entdeckt für sich, durch was es beeinflusst wird: „Zu diesem Thema bin ich der Meinung, dass …", „diese Lernmethode liegt mir", „In dieser Situation fühle ich mich unwohl und folgendes … hilft mir weiter", „Das kann ich gut" usw. Mit dem Leitfaden für die Schule „Ich weiß, wo's langgeht!" wird das Selbstbewusstsein, die Selbsteinschätzung und damit das Selbstwertgefühl des einzelnen Schülers gesteigert.

1.4.3 Positives Verhalten verstärken

Im Schulalltag läuft man als Lehrer schnell Gefahr, sich dem auffälligeren, negativen Verhalten zuzuwenden. Im Grunde genommen erhält so ein Schüler für sein Fehlverhalten als Belohnung auch noch Aufmerksamkeit. Hält er sich jedoch an Regeln und fällt somit nicht auf, erlebt er Teilnahmslosigkeit an seiner Person. Kinder brauchen aber die Erfahrung, wahrgenommen zu werden. Daher muss dem positiven, in der Regel unauffälligen Verhalten, Beachtung geschenkt werden. Tatsache ist: Fehlt es Schülern an Erfolgserlebnissen und Anerkennung, verlieren sie den Mut, werden unsicher und trauen sich nichts mehr zu. In extremen Fällen kann sich diese negative Empfindung auch in Aggression oder Rückzug äußern.

Um Ängste ab- und Selbstbewusstsein aufzubauen, benötigen Schüler Zuwendung, Ermutigung, Anreiz statt Druck, Erfolgserlebnisse sowie Anerkennung in Form von Sprache, Gestik und Mimik. Außerdem brauchen sie die Chance, jederzeit und immer wieder neu anfangen zu können.

1.4.4 Richtiges Loben

„Im ‚Journal of Neuroscience' veröffentlichten belgische Forscher eine Studie, nach der Kinder bis etwa 12 Jahren ihre persönliche Höchstleistungen erreichen, wenn man sie tüchtig lobt."[16]
Aber auf welche Art und Weise lobt man richtig?

- Positive Empfindungen wie „Ich freue mich darüber, dass du mir geholfen hast" oder Eindrücke „Mir gefällt deine Zeichnung" äußern
- Bei einem Lob den Schüler ansehen
- Nicht vergleichen, sondern anhand des schülereigenen Maßstabs Fortschritte anerkennen
- Bemühen und Anstrengung lobend honorieren, auch bei fehlendem Erfolg
- Zur Abwechslung Leistung als Frage formulieren: „Du kannst das schon alleine?"
- Nachfragen zeigt Schülern anerkennendes Interesse
- Begeisterung mitteilen
- Aufrichtig loben
- Besonderes Lob unter vier Augen aussprechen

Dagegen vermitteln pauschale Anerkennungen wie „Du bist ein tolles Kind ..." einem Schüler, nur wenn er ein erwartetes Verhalten zeigt, wird er angenommen.
Die Aussage „Du hast Tim beim Aufräumen geholfen, merkst du, wie er sich freut?" führt einem Kind das Empfinden seines Gegenübers vor Augen und fördert damit dessen Empathie. Des Weiteren benötigen Kinder, um Schritte in Richtung Selbstständigkeit zu machen, Anregungen, selbst Stellung zu ihrem Handeln nehmen zu können: „Was meinst du?" – „Was gefällt dir am besten?"
So stellt das Lob eine wichtige Form der Anerkennung dar. Zu einem echten Lob gehört auch eine Körpersprache der Zuwendung. Eine verbale Anerkennung, bei dem man einem Schüler den Rücken zukehrt oder auf den Boden sieht statt in sein Gesicht, ist sicherlich kein Lob. Enthält die positiv gemeinte Aussage eine indirekte Kritik wie z. B. „Du solltest noch ..." oder „Aber beim nächsten Mal ..." stellt sie ebenfalls kein Lob dar. Besonders entmutigend sind Vergleiche mit anderen „Wenn du so weiter machst, kannst du auch einmal so gut rechnen wie Tina."

Am Lob sollte ein Lehrer nicht sparen. Werden Schüler von ihrem Lehrer anerkannt, vertrauen sie ihm und werden nicht gleich nervös, wenn mal nur ein anderes Kind gelobt wird. „Lassen

[16] Cranz, PRO Schule-News, E-Mail-Newsletter 09.10.2008

Sie uns deshalb unsere jungen Schüler loben, nicht wahllos und inflationär, sondern achtsam und gezielt für jeden Erfolg, den ein Schüler errungen hat, und sei er auch noch so klein."[17]

Arbeitet die gesamte Klasse über einen längeren Zeitraum intensiv oder hält in einer besonderen Situation zusammen, darf ein **Klassenlob** nicht fehlen. Eine solche Klassenanerkennung schweißt die Schüler zusammen und fördert das Gemeinschaftsgefühl.

Nicht zu vergessen: Es sollten auch **Eltern** über das positive Verhalten ihres Kindes und dessen Anerkennung informiert werden.

1.4.5 Token-System

Ein **Token-System** (positives Verstärkersystem) bietet den Kindern die Chance, motiviert positives Verhalten zu trainieren. Gleich einem Spiel sammeln sie mit positivem Verhalten Punkte, innerhalb eines klar definierten und somit überschaubaren Rasters. Für welche Regeleinhaltung es Punkte gibt und welche Form der Anerkennung bzw. Belohnung sie bei Erreichen des gesetzten Ziels erhalten, wurde zu Beginn festgelegt und ist jedem bekannt. Token-Systeme lassen sich individuell strukturieren, gestalten und in einen thematischen Kontext stellen.

Ein **Token** (engl. Zeichen/Symbol) steht für einen Punkt, der einen Wert verkörpert. Token können das Aussehen von Tieren, Gegenständen oder geometrischen Formen haben. Sie lassen sich in einen thematischen Kontext stellen wie schwarze Punkte (= Token) und einer Marienkäfervorlage (= Raster) oder das Thema „Autorennen" mit Autos (Token) und einem Raster, das die Rennbahn darstellt usw.
Es besteht aber auch die Möglichkeit, wie bei folgendem Erfahrungsbericht einfach mit vielen Smileys, wenigen „Heulis" und dem Ziel einer Medaille (der große goldene Smiley) positives Verhalten zu verstärken.

Erfahrungsbericht

Als ich meine erste 1. Klasse übernahm, stellte ich schnell fest, dass meinen süßen Erstklässlern leider das Einhalten von Regeln wie „Ich melde mich und warte", „Am Platz sitzen bleiben", „Ich höre aufmerksam zu." usw. äußerst schwerfiel. Weder Erklärungsversuche über den Vorteil der Regeln, noch Ermahnungen halfen, eine disziplinierte und geordnete Unterrichtsatmosphäre über einen längeren Zeitraum zu schaffen. Da erinnerte ich mich an eine Vorlesung an der PH Karlsruhe, in der von einem Token-System die Rede war. Also machte ich mich ans Werk. Ich fertigte meine eigenen Token in Form von kleinen Lächlis ☺- und Heuli ☹-Kärtchen an.

Meine Absicht war es, innerhalb meines Unterrichts für eingehaltene Regeln und gutes Verhalten Lächlis als positive Verstärker auszuteilen. Für einen Regelverstoß gab es einen Heuli. Doch diesen konnte man mit zwei Lächlis bezahlen (☹ = ☺☺).

Damit war die Chance gegeben, den Heuli wieder mit positivem Verhalten „abzuarbeiten". Ziel des „Spiels" sollte für jeden Schüler sein, bis zum Ende meines Unterrichts keinen Heuli mehr zu besitzen. Das war ein leicht zu erreichendes Ziel. Wer am Ende des Unterrichts noch Lächlis oder sogar ganz viele besaß, war besonders zufrieden mit seinem Erfolg.

[17]Cranz, PRO Schule-News, E-Mail-Newsletter 09.10.2008

Jeder Schüler, der keinen Heuli hatte, bekam von mir als Dokumentation seiner Leistung ein kleines Bildchen oder einen Sticker. Die Bildchen/Sticker wurden in ein Extraheft oder ins Hausaufgabenheft eingeklebt und eingesammelt. Meine Schüler liebten es, am Ende eines Schultags ihre Sticker zu betrachten und abzuzählen. Danach wurden alle Lächlis und Heulis wieder eingesammelt, kamen in eine Box im Lehrerpult und am nächsten Tag begann alles wieder von vorne.

Zum Halbjahresende wurden die Stickerhefte bei mir abgegeben und ausgewertet. Es gab dafür eine Medaille „den großen Lächli" in Gold, Silber und Bronze, die in einer feierlichen Zeremonie überreicht wurden. Stolz ging jeder mit seiner Medaille um den Hals in die große Pause und nach der Schule zu seinen Eltern nach Hause. Hat z. B. ein Schüler eine silberne Medaille erarbeitet, kann er zufrieden sein und sich für das nächste Halbjahr den Vorsatz fassen, die Goldmedaille zu erreichen.

Seit der Einführung dieses Token-Systems herrschte eine neue, motivierte Unterrichtsatmosphäre in meiner Klasse. Sehr wichtig war es, gerade am Anfang nur eine Regel zu verstärken, damit die Schüler nicht den Überblick verlieren, als auch großzügig mit dem Austeilen der Lächlis umzugehen. Die Schüler sahen so einen schnellen Erfolg und werden zum Durchhalten ermutigt.

Wollte ich meiner Klasse etwas mitteilen oder mit dem Unterricht beginnen, war es mir immer wichtig, dass meine Schüler mir durch Blickkontakt und aufrechter Sitzhaltung vermittelten, dass sie zur Mitarbeit bereit waren. Aber es gab natürlich Schüler, die ihre Aufmerksamkeit lieber anderen Dingen widmeten. Ich wartete ruhig und blinzelte den aufmerksamen Schülern zu und sie durften sich bei mir einen Lächli abholen. Während dieses Vorgangs wendeten sich die restlichen Kinder in der Regel ebenfalls ganz schnell mir aufnahmebereit zu.

Bei besonderen Anstrengungen oder Arbeiten unter erschwerten Umständen kündigte ich der Klasse als Verdienst den heißbegehrten „Doppellächli" oder auch einmal in äußerst seltenen Fällen einen dreifachen Lächli an. Es besteht auch ab und zu die Möglichkeit, einen materiellen Verstärker wie Obst oder Süßigkeiten zusätzlich einzusetzen. War ich total von dem Verhalten oder einer Arbeit meiner Klasse begeistert, kam es auch vor, dass ich „eine Runde Lächlis für alle schmiss". Die Schüler stellten Rekorde auf und in Ausnahmefällen durften sie auch mal einen Lächli verschenken. Also gab es Token für den einzelnen Schüler als auch für eine Team-, Gruppen- oder Klassenleistung. Bei alledem wussten die Schüler aber genau, für welche Leistung sie einen Token erhalten werden und ich unterstrich die erbrachte Leistung natürlich auch mit ausgesprochener Anerkennung. Hatte das Klassendienst-Team das Klassenzimmer außergewöhnlich ordentlich und sauber gemacht, erhielten sie auch dafür einen Lächli.

Großzügigkeit, aber nicht inflationäres Verschleudern, war stets wichtig. Dass eine gerechte Verteilung nicht immer möglich ist, machte ich auch meinen Schülern in einem Gespräch verständlich. Aber ich vermittelte ihnen, dass ich mir größte Mühe für eine gerechte Verteilung geben würde. Außerdem ging ich mit den Lächlis ja nicht gerade geizig um.

Auf der einen Seite war für dieses System Konsequenz grundlegend, auf der anderen Seite wollte ich mich nicht darunter versklaven. Ich machte die Erfahrung: Verhält man sich den Schülern gegenüber großzügig und gütig, sind sie es einem gegenüber auch (Lernen am Modell). Die Schüler hatten schnell begriffen, dass es nicht darum ging, jeden einzelnen Lächli pingelig abzuzählen, sondern es ging darum, viele zu „erarbeiten".

Ging ein Lächli verloren, wurde er von mir sofort ersetzt, um meinen Schülern mein Vertrauen auszudrücken.

Das Ganze war nicht nur für die Kinder ein Riesenspaß, den sie mir mit positivem Verhalten und vertrauensvollem Respekt dankten. Mir ermöglichte dieses System vor allem, auf Ermahnungen fast ganz verzichten zu können. Stattdessen ging ich einfach um die Tischgruppen herum oder durch die Tischreihen und legte jedem wortlos, aber mit Mimik und Gestik anerkennend, einen Lächli hin und die Aufmerksamkeit war da. Oder aber ich vergab einen Heuli, da wusste der betroffene Schüler sofort, wie das eigentliche positive Verhalten hätte aussehen müssen, und die Beziehung zwischen dem Schüler und mir blieb so unbelastet. Überhaupt bemerkte ich, wie sich die Beziehung zwischen mir und der gesamten Klasse stetig verbesserte und als junge Lehrerin lernte ich ganz praktisch: „Eine tragfähige persönliche Beziehung zu den Schülern hat den stärksten positiven Einfluss auf die Lernmotivation."[18]

Bei „**Härtefällen**" gab es bei dem Überschreiten von drei Heulis eine Strafe, wenn möglich entsprechend dem Fehlverhalten wie Nacharbeiten oder ein Bild mit dem richtigen Verhalten anzufertigen.

Außerdem war es möglich, die Vergabe differenziert zu handhaben, sammelte ein Schüler eher Heulis, richtete ich mein Augenmerk auf die geringsten Anzeichen positiven Verhaltens, um es mit einem Lächli zu verstärken. Den anderen Schülern entging diese „Sonderbehandlung" nicht, aber da dieser Schüler die Token für die Bezahlung seiner Heulis benötigte, hatte jede Klasse bisher dafür Verständnis und akzeptierte diese Handhabung. Zumal sie ja mit ihrer persönlichen Anerkennung zufrieden waren.

Bei der Vergabe eines Heulis legte ich größten Wert darauf,

- dass es dem Schüler klar war, für welchen Regelverstoß er diesen bekam,
- wie er ihn wieder los werden konnte,
- und allen, besonders dem betroffenen Schüler, meine Überzeugung zu vermitteln, dass er den Heuli ganz schnell mit neu erarbeiteten Lächlis wieder wegbekommen konnte (Ermutigung),
- bei länger anhaltendem negativem Verhalten ihn in der Art zu ermutigen, dass er nur geduldig das positive Verhalten trainieren müsse, er das aber schaffen wird.

So verlor der betroffene Schüler nicht sein Gesicht und die gute Klassenatmosphäre wurde weiterhin aufrecht erhalten.

Mit der Zeit wartete ich immer länger, bis ich positives Verhalten verstärkte, sodass immer weniger Token im Einsatz waren. Hatte die Klasse inzwischen **ausreichend Trainings-Zeit**, erhöhte ich auch den Preis für einen Heuli auf drei Lächlis.

Innerhalb dieser Entwicklung fanden **Gespräche** mit der Klasse und auch einzelnen Schülern statt, in denen ihr Verhalten gemeinsam reflektiert und ihre Eindrücke ausgetauscht wurden. Es gab auch Tage, an denen einfach keine Token nötig waren oder es genügte nur die Aussage, „das wäre ein Heuli gewesen ..." und der Schüler wusste sofort Bescheid. Dagegen gab es nur selten Tage, an denen sie wieder unbedingt eingesetzt werden mussten. Damit tritt das positive Verstärken mittels Token immer mehr in den Hintergrund, bis sie nicht mehr benötigt wurden. So blickten die Klasse und ich am Ende eines Schuljahres auf ein recht zufriedenstellendes Unterrichtsklima zurück.

Für meinen **Fachunterricht** ließ ich das Sammeln und Einkleben der Bildchen aus Zeitmangel einfach weg. Die Kinder erhielten Heulis und Lächlis wie beschrieben, aber ich vereinfachte das Ziel: Am

[18]Grüner B., Hilt F., Bei Stopp ist Schluss! Regeln und Werte vermitteln, S. 10

Ende der Stunde waren die Schüler Sieger, die keine Heulis hatten. Für den Fall, dass alle nach 40 Minuten keinen Heuli mehr hatten, machte ich mit der Klasse in den letzten 5 Minuten auch einmal ein Spiel. Alle Token wurden wieder eingesammelt und eine Woche später begann das Token-System von Neuem.

Am Anfang war es anstrengend, im Unterricht oft herumzugehen und jedem einzelnen Schüler Token auszuteilen, aber viele Ermahnungen und erhöhter Lärmpegel empfand ich als anstrengender und war zudem für Schüler mit einem Misserfolgserlebnis verbunden. Das Austeilen ließ ich zu einem späteren Zeitpunkt auch in meinem Auftrag von Schülern ausführen.

Das Problem seitens der Schüler, eventuell eine gewisse Erwartungshaltung zu entwickeln, konnte ich nicht feststellen, da ja die Verstärkung abgebaut wurde und die Belohnung nur immateriell war.

Im Anhang befindet sich dazu eine schnell umzusetzende Anleitung in Form von Token-und Medaillen-Kopiervorlagen und einer Bastelanleitung (ab S. 38).

Vorteile eines derartigen Token-Systems

– für Schüler:

1. Den Schülern wird ihr Verhalten bewusst und sie lernen es zu reflektieren.
2. Sie üben realistische Vorsätze zu fassen und diese auch umzusetzen.
3. Es ermöglicht ihnen schnelle Erfolgserlebnisse.
4. Es veranschaulicht ihnen den persönlichen Lernzuwachs (im Bereich der personalen und sozialen Kompetenzen) und
5. stärkt damit ihr Selbstbewusstsein und Selbstwertgefühl.
6. Es schafft eine disziplinierte Unterrichtsatmosphäre.
7. Kinder erfahren, dass eine geordnete Unterrichtsatmosphäre für effektives Lernen notwendig als auch angenehm ist.
8. Auch hier geben ihnen klare Grenzen Orientierung und Geborgenheit.
9. Schüler erkennen, dass der Lehrer es gut mit ihnen meint (da ihnen Schimpfen oder häufiges Ermahnen weitestgehend erspart bleibt) und sie wertschätzt. Sie können so in diesem Klima eine positive, vertrauensvolle Beziehung zu ihrem Lehrer aufbauen.
10. Statt Zurechtweisungen, die am Schüler negativ „haften" bleiben, erhält man nur einen Heuli, der aber „wiedergutgemacht" werden kann.

– für Lehrer:

1. Es gibt Lehrern die nötige Zeit, mit den Schülern den Sinn und Zweck von Regeln zu erarbeiten.
2. Die Blickrichtung wird auf positives Verhalten gelenkt.
3. Es ermöglicht einen positiven Beziehungsaufbau zu den Schülern, da auf Sachebene und nicht auf personaler Ebene interveniert wird.
4. Das System lässt sich individuell anpassen und ausbauen (den Anspruch steigern), z. B. zu Beginn des Systems 1 ☹ = 1 ☺, später 1 ☹ = 1 ☺☺ usw.
5. Der Erhalt der Medaille kann in der schriftlichen Beurteilung des Zeugnisses festgehalten oder, gekoppelt mit einer Urkunde, auch im Portfolio „Ich weiß, wo's langgeht!" dokumentiert werden. Wichtig: Jedes Kind erhält eine Medaille und/oder Urkunde, da jeder Schüler entsprechend seines eigenen Maßstabs eine Leistung erbracht hat.
6. Es fördert den Spaß am Unterricht.
7. Die Stimmbänder werden geschont.

- **für Eltern:**
  1. Eltern erhalten ein transparentes Feedback bzgl. des Verhaltens ihres Kindes im Unterricht und
  2. bekommen die Anregung, zu Hause ebenfalls ihr Augenmerk verstärkt auf positives Verhalten zu richten.

1.5 Beziehungen und Zugehörigkeit

Wertschätzung erfährt man auch durch das Gefühl von **Zugehörigkeit**. Diese spiegelt sich für jeden **einzelnen Schüler** in Form von **Beziehungen** wider, in denen man akzeptiert und respektiert wird: Beziehung zu

- dem Klassenlehrer,
- Freunden in der Klasse,
- den Klassenkameraden,
- Personen außerhalb des Klassenverbands wie z. B. Fachlehrer (u. a. AGs, Religion, Kernzeit), Patenschaften für Kinder anderer Klassen, Kindern der Nachbarklasse, Schulleiter, Hausmeister usw.

Aus der Kombination dieser erlebten Beziehungen entsteht das Gefühl des Dazugehörens zu der eigenen Schule bzw. Schulgemeinschaft. D. h. besonders alle Erwachsenen der Schulgemeinschaft haben Vorbildfunktion, indem Sie miteinander und auch mit jedem Schüler respektvoll umgehen. Damit wird auch die positive Identifikation mit dem Ehrenkodex der Schule gefördert.

Der Klassenlehrer ist für ein Kind neben den Eltern eine der wichtigsten Bezugspersonen. Die vertrauensvolle Beziehung zu ihm ist für den schulischen Erfolg eines Kindes existenziell. Aus dem tagtäglichen Erleben von seinem Lehrer angenommen und wertgeschätzt zu sein, schöpft ein Schüler Motivation, Mut und Zutrauen. In diesem Fall spricht man auch von dem sogenannten „Klassenlehrereffekt".[19]

Die Wichtigkeit einer vertrauensvollen Beziehung zeigt sich bisweilen deutlich bei Zurechtweisungen durch Pausenaufsichten von ihm unbekannten Schülern, die sich von dem für sie fremden Lehrer ungern etwas sagen lassen. An ein- oder zweizügigen Grundschulen könnte man dem etwas Abhilfe schaffen, indem zu Beginn des Schuljahres beispielsweise jeder Lehrer in für ihn unbekannten Klassen eine schöne Vorstellungsstunde durchführt.

Auf die Gestaltung einer vertrauensvollen Beziehung zwischen Lehrer und Schüler wurde bereits in den vorherigen Kapiteln eingegangen.

Ein weiterer wichtiger Bestandteil für ein gutes Klassenklima sind Freundschaften. So erfahren Kinder oft: „Ein(e) verlässliche(r) Freund(in) ist besser als viele oberflächliche Beziehungen".[20] So lässt sich mit folgenden Tipps für **Lehrer** der **Aufbau von Freundschaften** unter den Schülern **anregen**.

Innerhalb der Schule: Indem man

- „unbeliebte" Schüler akzeptiert und mit ihren Stärken positiv in den Mittelpunkt der Klasse stellt,
- eine geänderte Sitzordnung auf Probe veranlasst,
- neue Kombinationen bei Partner- oder Gruppenarbeiten anregt,

[19] Vgl. Grüner/Hilt, Bei Stopp ist Schluss! Regeln und Werte vermitteln, S. 10
[20] Reimann G. u. a., Aktiv gegen Schuleschwänzen, S. 23

– Schüler zur Hilfsbereitschaft motiviert,
– bei Spielen Partner oder Teams auslost.

Außerhalb der Schule: Indem man
– Aufgaben überträgt – z. B. ein Referat zusammen vorzubereiten oder eine Bibliothek zu besuchen,
– anregt, dass sich Schüler gegenseitig bei Hausaufgaben helfen,
– Kinder ermuntert, gemeinsam an Freizeitaktivitäten teilzunehmen wie z. B. Sportverein, Schachklub,
– den Vorschlag macht, dass bestimmte Schüler mit gleichem Schulweg gemeinsam gehen.

Wertschätzt ein Lehrer eher unbeliebte Schüler, fördert dies die Akzeptanz und den respektvollen Umgang der Schüler untereinander.

Im Klassenverband erfahren die Kinder das wichtige **Wir-Gefühl** durch gemeinsame Aktionen, bei denen es auf jeden Einzelnen ankommt, d. h. „die Klasse zu einem gemeinsamen Zweck zu vereinen"[21] wie z. B. bei gemeinsamen Ritualen, dem Wochenend-Gesprächskreis, Spielen, einem musikalischen Auftritt als Klassenchor, einer Präsentation eines Theaterstücks, Ausflügen, Lesenächten oder Schullandheimaufenthalten. Eine besondere Rolle zur Förderung des „Wir-Gefühls" spielt auch der **Klassenrat**. Zusätzlich wird dieses Empfinden „Gemeinsam sind wir stark" nicht nur durch verbales positives Feedback des Lehrers bewusst gemacht und anerkannt, sondern auch intensiviert, indem Klassenleistungen mit Gemeinschaftsaktionen wie z. B. einem Eisessen, Kino- oder Spielplatzbesuch belohnt werden. Durch solche Unternehmungen werden zudem beim Einzelnen **Konkurrenzdenken ab- und Teamfähigkeit aufgebaut**.[22] Gerade Kinder geraten bei ausgeprägtem Konkurrenzdenken unter zu großen Druck. Dieser blockiert einen Schüler eher, anstatt ihm zum Erfolg zu verhelfen. Ein Kind hat mehr davon, wenn es lernt, damit zufrieden zu sein, das Beste getan zu haben. So arbeitet es unabhängig von seinem Umfeld, ist nicht zu verunsichern und kann seiner Kreativität freien Lauf lassen.

Dabei werden innerhalb der Klasse neue Fähigkeiten und Interessen entdeckt als auch gegenseitige Unterstützung und Anerkennung erfahren.[23]

Klassenübergreifender Zusammenhalt entwickelt sich bei Schülern untereinander mittels Patenschaften, Spielen, Schulfesten, Klassen übergreifendem Unterricht, gemeinsame Aktionen wie Ausstellungen, Vorführungen, Projekten, Projekttagen, Kooperationen, Brieffreundschaften, AGs usw. „Schüler brauchen das Gefühl ‚Ich gehöre hier dazu! Ich bin ein wichtiger und wertgeschätzter Teil der Klassengemeinde, Schulgemeinde.'"[24]

1.6 Geduld

Für einen Pädagogen stellt Geduld grundlegendes Kapital dar. Diese kostbare Eigenschaft wird von der Fähigkeit, kleinste positive Veränderungen zu erkennen, die Aussicht auf Besserung geben, gestärkt. Geduldig zu sein ist einem Kraftakt gleichzusetzen, für den man unbedingt gute Nerven, aber auch vor allem Zuversicht und Vertrauen in sein Gegenüber benötigt. Um Rechnen, Lesen und Schreiben zu lernen, brauchen Kinder Zeit – viel Zeit! Natürlich trifft dies umsomehr für den Erwerb und das Ändern von Verhaltensweisen als auch Haltungen zu.[25] Eine wissenschaftliche Untersuchung hat ergeben, „dass man eine Bewegung oder

[21]Dreikurs R., Psychologie im Klassenzimmer, S. 86
[22]Vgl. Dreikurs R., Psychologie im Klassenzimmer, S. 88
[23]Vgl. Groth, Cooperative Learning im Mathematikunterricht, S. 2
[24]Reimann G. u. a., Aktiv gegen Schuleschwänzen, S. 23
[25]Vgl. Dreikurs R., Psychologie im Klassenzimmer, S. 61

Handlungsweise über 1000 Mal ausführen muss, bevor sie zur Gewohnheit wird".[26] Aber gerade das Ändern oder Aufgeben einer Gewohnheit erfordert viel mehr Geduld und Beharrlichkeit, da in den meisten Fällen dafür eine noch erheblich größere Anstrengung von einem Menschen aufzubringen ist.

Schüler von heute haben einen harten Alltag. Sie müssen sich mit den auf sie einprasselnden Medieneindrücken auseinandersetzen, ihr Bewegungsraum wird immer mehr begrenzt, die Anforderungen an sie steigen stetig und es wird ihnen immer weniger Zeit zum Kindsein gelassen. Sie benötigen es mehr denn je, mit Respekt, Anerkennung, Geduld und viel Herzenswärme von uns auf ihrem Weg zum Erwachsenen unterstützt zu werden.
Mit diesem Wissen „im Hinterkopf" und dem zuversichtlichen Vertrauen in ihre Person erhalten Kinder von ihren Lehrern die Chance, positive Verhaltensänderungen tatsächlich Realität werden zu lassen. Darf man als Lehrer das einmal erleben, erwachsen daraus neue Kraft und Motivation für weitere Herausforderungen. Zusätzlich erfährt man an dieser Stelle durch das Bewusstsein um Generativität in großem Maße Arbeitszufriedenheit.

2 Klare Regeln für Schüler

2.1 Das „Kinderschutzgebiet Schule"

Ein Kind benötigt für eine positive Entwicklung **Geborgenheit**. Es möchte wissen, „woran es ist". So schaffen klare Regeln im Schulalltag einen abgegrenzten, überschaubaren Raum, der ihnen Schutz als auch Orientierung bietet und damit vor allem Sicherheit schafft.
Lehrer verkörpern für die Wahrung dieser Sicherheit eine Art „**Polizei**" (früher auch „Schutzmann" genannt) des „Kinderschutzgebiets Schule". Aber auch Schüler werden mit zunehmendem Alter ein Stück weit mit in diese Verantwortung hineingenommen.
Es ist für das Zusammenleben entscheidend, dass **alle** an der Schule Beteiligten über jede verbindliche Regel genau **informiert** werden, verbunden mit der Erwartung, diese Inhalte zu akzeptieren und auch einzuhalten.

2.1.1 Kindgerechte Regelformulierungen

Mit diesem Leitfaden für die Schule „Ich weiß, wo's langgeht!" wurde Grundschullehrern die Regelfindung und -formulierung erleichtert. Dabei sind alle Regeln so kurz wie möglich und kindgerecht formuliert – auch mit dem Ziel: weg vom Verbot und hin zum Ratgeber.
Da Grundschüler gerade zu Beginn ihrer Schullaufbahn eine ganz persönliche Ansprache benötigen, wurden die Regeln hauptsächlich in der Ich-Form verfasst. Dadurch verinnerlichen sie nicht nur leichter die Inhalte, sondern es wird ihnen so auch eine Identifikationsmöglichkeit mit dem Verhaltenskodex ermöglicht.

2.1.2 Grundlegende Inhalte dieses Vorschlags eines Verhaltenskodexes

Die entscheidenden Regeln des Zusammenlebens, des Zusammenarbeitens und für die Sicherheit der Schüler sind in diesem Lehrwerk enthalten. Daraus wurden für die Erarbeitung dieses Leitfadens für die Schule 30 sogenannte Basisregeln ausgewählt, die die Grundlage für eine positive Lernatmosphäre bilden.

2.1.3 Individuelle Auswahl

Der Regel- und Wertekatalog dieses Buches ist als Empfehlung zu betrachten. Denn der Verhaltenskodex einer Schule oder Klasse sollte stets individuell auf die Situation vor Ort

[26] Vgl. Eckhardt, Regeln finden – Regeln einhalten, S. 115

zusammengestellt werden. Natürlich kann man aus der hier angebotenen Aufstellung auswählen, ergänzen, umformulieren, weglassen usw.
Das Layout wurde extra so strukturiert, dass Nummern und Symbole leicht selbst zu gestalten und abzuändern sind.

2.2 Einführung von Regeln mit dem Lehrwerk „Ich weiß, wo's langgeht!"

2.2.1 Voraussetzungen

Zu Beginn eines Schuljahres stehen zwei Dinge im Mittelpunkt:

- Die Förderung des Zusammenhalts einer Klasse, damit sich Schüler positiv in die neue Umgebung einleben.
- Die Erarbeitung der Basisregeln, um Schüler zügig mit den notwendigen Verhaltensweisen für erfolgreiches Lernen vertraut zu machen.

Kinder erwarten dabei von ihren Lehrern, dass diese Klartext mit ihnen sprechen. Dies bedeutet:

- Lehrer teilen ihre Erwartungen unmissverständlich mit.
- Inhalte und Begriffe der Regeln oder Werte werden mit den Schülern geklärt, um so eine eindeutige Überprüfung der Regeleinhaltung zu ermöglichen, z. B. Begriffe wie „Respekt" oder „Rücksichtnahme" können für Grundschüler noch missverständlich sein.
- Ebenfalls eine klare Absprache darüber zu treffen, welche Lehrkräfte die Vereinbarungen mittragen. (In der Regel sollte sich das ganze Kollegium darüber einig sein)

Um bei den Kindern ein persönliches Interesse für die Auseinandersetzung mit Regeln d. h. auch für die Arbeit mit dem Portfolio zu erreichen, eignen sich besonders Fotos, eigene Kunstwerke und/oder Texte.

Als Einstieg motivieren besonders die ersten Seiten des Kapitels „Ich und meine Grundschule". Im weiteren Verlauf ist es jedoch sinnvoll, an Basisregeln aus verschiedenen Kapiteln parallel zu arbeiten.

Dabei gilt: „Notfälle" bzw. aktuelle Situationen in der Schulgemeinschaft oder Klasse haben Vorrang, sodass man gegebenenfalls eine Regel entgegen der Zeitplanung vorzieht.

2.2.2 Empathie und Einsicht vermitteln

Schüler dabei zu unterstützen, deren **Empathie weiterzuentwickeln** ist elementar für den Ausbau ihrer Sozialkompetenz. Gleichermaßen benötigen sie aber auch, dass ihnen **Einsicht über den Sinn und Zweck einer Regel** vermittelt wird. An dieser Stelle die Möglichkeit, eine entsprechende Situation anschaulich vor Augen gestellt zu bekommen oder spielerisch nachempfinden zu dürfen, ist für Kinder eine nachhaltige Lernerfahrung.

Die Arbeitsblätter des Portfolios „Ich weiß, wo's langgeht!" sind so gestaltet, dass durch deren Bearbeitung die Einsicht und das Einfühlungsvermögen bei Kindern gefördert werden.

2.3 Elternarbeit

Eltern bei der Vermittlung von Regeln- und Werten **miteinzubeziehen**, hat oberste Priorität. Dazu ist im Anhang ein Informationsschreiben an Eltern zu finden (S. 47). Gerade durch die Arbeit mit diesem Leitfaden für die Schule werden Regeln und Werte für Eltern nicht nur transparent gemacht, sondern es gibt ihnen gleichsam die Chance, einiges davon für die Erziehung Zuhause „abzuschauen" wie z. B. Konflikt- oder Arbeitsregeln. So bietet dieses

Lehrwerk interessierten Eltern auch automatisch Anregungen für den familiären Umgang mit Regeln und Werten.

2.3.1 Verhaltenstraining

Eine Möglichkeit wäre, dass die **gesamte Schule in den ersten Schulwochen** ein straffes Verhaltenstraining zu den 30 Basisregeln durchführt. So wird die komplette Schulgemeinschaft (alle Schüler, Lehrer, Eltern, Hausmeister usw.) zeitgleich für das neue Schuljahr auf die Basisregeln „justiert". Zusätzlich fördert diese Vorgehensweise den Zusammenhalt der Schulgemeinschaft und das Zugehörigkeitsgefühl des Einzelnen.

Ein anderer Weg ist es, in der Klasse mit dem Verhaltenstraining zu beginnen. Haben jedoch Schüler erst einmal die Notwendigkeit einer verbindlichen Regelformulierung und -einhaltung erfasst, kann sich im **Klassenverband** eine **Eigendynamik** entwickeln, indem die Klasse

1. in einer konkreten Situation selbst die Notwendigkeit für eine bestimmte Regel entdeckt,
2. diese im Klassenrat formuliert,
3. als verbindlich beschließt und
4. sie dann auch in irgendeiner Form (Bild, Text oder Foto) „fixiert" (siehe S. 51).

2.3.2 Dokumentation bestehender Regeln und Werte

Werden so in der Zusammenarbeit mit dem Lehrer als Begleitperson selbst Regeln aufgestellt, ist von der Klasse nur noch die entsprechende Seite im Portfolio „Ich weiß, wo's langgeht!" zu bearbeiten.

Andererseits können die Kinder auch selbst die Regel formulieren und entwerfen ein eigenes „Arbeitsblatt" oder „Dokument" dazu – um es dann mit der Vorgabe auszutauschen oder aber es dem achten Kapitel („Ich-Spezial") hinzuzufügen. Es kann auch ein eigenes Kapitel hinzugefügt werden mit dem Titel „Klasse XY – Spezial".

Der Aufbau des Seitenlayouts ist von Erstklässlern leicht zu erfassen. Um auch Schulanfängern sowohl den Inhalt als auch den Aufbau des Portfolios verständlich zu machen, wurden die Zahlen in Würfelbildern und der Text in großen Druckbuchstaben dargestellt.

So steht einer eigenen Anfertigung seitens der Kinder nichts im Wege. Zusätzlich eignet sich für eine Dokumentation im Klassenverband z. B. ein Klassenratsbuch, ein Vertrag usw.

Wichtig ist, dass der Lehrer die lückenlose Dokumentation der persönlichen Entwicklung **eines Kindes** im Umgang mit Regeln und Werten durch das Portfolio „Ich weiß, wo's langgeht!" gewährleistet.

Aber auch innerhalb eines Klassenverbands müssen bestehende Regeln und Werte präsent sein (Plakate usw.). So werden diese transparent. Jeder Schüler reflektiert unweigerlich seinen Lernzuwachs, erfährt dadurch ein Erfolgserlebnis und stärkt damit sein Selbstbewusstsein.

Weitere hilfreiche Tipps aus der Praxis für die Praxis sind bei den Seitenkommentaren zur jeweiligen Regel des Handbuches zu finden.

2.4 Hilfreiches im Umgang mit Regelverstößen

2.4.1 Machtkämpfen ausweichen

Machtkämpfe sind egoistisch und sind so für eine Beziehung kontraproduktiv. Beide Parteien fühlen sich unwohl dabei. Niederlagen sind nicht nur ein Versagenserlebnis, sondern sie sind auch demütigend. Machtkämpfe im Klassenzimmer oder auf dem Schulgelände schädigen die vorangegangene pädagogische Arbeit – sie bedeuten Rückschritt. Doch bei Erziehungsaufgaben ist es leicht, in eine derartige Situation zu schlittern. Dagegen ist es schwieriger, sich nicht auf Machtkämpfe einzulassen. Folgende Tipps können dabei unterstützend wirken:

1. Kinder oder die Klasse in Entscheidungen miteinbeziehen oder, wenn möglich, eine Wahlmöglichkeit anbieten.
2. Sollte dem Wunsch nichts entgegensprechen, kann man auch einmal einlenken.
3. In manchen Fällen entschärft ein Ablenkungsmanöver die angespannte Situation, mittels eines Überraschungseffekts mit Humor gepaart (Sarkasmus oder Ironie fassen Grundschüler negativ auf): plötzliches Leisesprechen, sodass der Schüler einen nicht mehr hören kann. Oder in einer witzigen Sprache weitersprechen, die keiner versteht.
4. Während der Auseinandersetzung sich innerlich herausnehmen und fragen: „Worum geht es? Geht es darum, sich durchzusetzen, oder geht es um etwas ganz anderes?"[27]

2.4.2 „Persönlich nehmen" vermeiden

Provozierendes Verhalten von Kindern ist ein Kapitel für sich und würde bei einer ausführlichen Betrachtung den Rahmen dieses Buches sprengen. Doch trotz aller Fassungslosigkeit über so manch schockierendes Verhalten von Seiten der Schüler sind es „nur" Kinder, die richtiges Verhalten noch lernen müssen, deren Provokationen meistens einen verschlüsselten Hilferuf verkörpern und in vielen Fällen überhaupt nichts mit dem Lehrer zu tun haben. Obwohl man dies weiß, kann es einem doch schwerfallen, negatives Verhalten von Kindern nicht persönlich zu nehmen. „Hier wäre es angebracht, dass der Lehrer sich nicht die übliche Frage stellt: ‚Wie kann ich es zulassen, dass dieser Schüler mich so beleidigt?' Sondern: ‚Warum hat es dieses Kind nötig, mich zu kränken?' Und: ‚Warum fühle ich mich so gekränkt und beleidigt?'"[28]

Da ist **Verzeihen**, solchen Kindern gegenüber und für sich selbst, eine gesunde Lebenseinstellung.[29]

2.4.3 Time-out

Ein Kind, das emotional befangen ist, kann in einem sogenannten Time-out (Auszeit; Begriff aus dem Sport und bedeutet Spielunterbrechung) erst einmal zur Ruhe kommen. Danach ist ein klärendes Gespräch mit dem Lehrer effektiver. Ein Time-out ist normalerweise zeitlich begrenzt und gibt dem betroffenen Schüler die Chance, den Vorfall und sein Verhalten zu reflektieren. Diese Auszeit ist als Hilfe und nicht als Strafe zu betrachten. Zusätzlich wahrt dieses Vorgehen das Recht der Klasse auf eine konzentrierte Arbeitsatmosphäre. In manchen Situationen kann sogar ein „Team-Time-out (TTO)" bzw. „Class-Time-out" (CTO) sinnvoll sein, z. B. um die Aufmerksamkeit neu zu fokussieren, eine Triangel zu schlagen und jeder Schüler meldet sich so lange, wie er den Ton des Instruments hören kann. Des Weiteren sind optische oder akustische Signale (Sanduhr, Schild, Klangschale) Hilfsmittel, den Beginn und das Ende der Auszeit zu kennzeichnen. Für jeden sollte klar sein, dass nach zwei Hinweisen des Lehrers eine Auszeit erfolgt, z. B. nach dem Zeigen der gelben und roten Karte.
An welchem Ort die Auszeit stattfindet: z. B.

- an einem festgelegten, ruhigen Platz im Klassenzimmer,
- im Flur vor offener Klassenzimmertür (im Blickfeld des Lehrers),
- in der Klasse eines Kollegen (nach Absprache) an einem bereits vorbereiteten Arbeitsplatz,
- in extrem emotionalen Fällen beim Sozialarbeiter der Schule.

[27] Vgl. Eckhardt, Regeln finden – Regeln einhalten, S. 48
[28] Bäuerle S., Moll-Strobel, Ich bin – Ich kann – Ich mag, S. 93
[29] Eckardt, Regeln finden – Regeln einhalten, S. 47

Wie lange das Time-out andauert z. B.

- solange wie das Kind benötigt, um sich zu beruhigen, um dann von sich aus an seinen Platz zurückkehrt,
- in leichten Fällen fünf Minuten (mit Blick auf eine Uhr/Sanduhr/einen Wecker), nach denen der Schüler, nach dieser Bedenkzeit ebenfalls von sich aus, an seinen Platz zurückkehrt.

2.4.4 Von der Notwendigkeit einer positiven Beziehung zu Schülern

In der Grundschule sind das Unterrichten und die Beziehung eines Lehrers zu jedem einzelnen Schüler untrennbar. Mit einer vertrauensvollen Beziehung zwischen Lehrern und Schülern wie auch der Klasse ist bereits eine positive Atmosphäre geschaffen. Durch solch eine positive Beziehung gewinnt man bei den Schülern Autorität.[30] Im Grundschulalter sind Kinder noch offen für die Aufnahme von Werten und Regeln. Außer der Familie haben Klassenlehrer den größten Einfluss auf ein Grundschulkind. Und genau in diesem Sachverhalt liegt die Chance für Grundschullehrer, die vielen kleinen aber starken Persönlichkeiten noch weit über die Grundschulzeit hinaus nachhaltig zu prägen (Generativität). Mag die Gesellschaft dem Lehrberuf negativ gegenüberstehen, die meisten Grundschüler empfinden genau das Gegenteil. Sie machen tagtäglich gute Erfahrungen mit ihren Lehrern und vertrauen sich ihnen an. Angesichts dieser Tatsache stellt sich den Lehrkräften die große Herausforderung, ihr eigenes Handeln und ihre Motive sich selbst gegenüber aufrichtig zu reflektieren. Dazu gehört viel Mut und Ehrlichkeit. Stellt man sich jedoch dieser Herausforderung, bringt das großen Gewinn für die eigene Handlungskompetenz mit sich.

2.4.5 Eltern informieren

Für eine vertrauensvolle und effektive Zusammenarbeit zwischen Schule und Elternhaus ist es eine Selbstverständlichkeit, Eltern zügig über regelwidriges Verhalten ihres Kindes zu benachrichtigen. An dieser Stelle sollte auch darüber nachgedacht und gesprochen werden, ob das Kind in irgendeiner Form therapeutische oder andere Hilfe eines Spezialisten benötigt.

2.5 Regeleinhaltung bei Schülern erreichen

Für die Bereitschaft bei Schülern, Regeln einzuhalten, stellen das Vermitteln von Wertschätzung und eine vertrauensvolle Beziehung zum Lehrer Basiselemente dar (siehe Kapitel II.1).

2.5.1 Die Bedeutung der persönlichen Authentizität

Kinder besitzen eine intuitive Antenne für authentisches Auftreten. Sie merken schnell, wie ihr Gegenüber „drauf ist". Gibt es Widersprüche z. B. in Mimik und Sprache, leidet darunter die Glaubwürdigkeit und damit die Autorität. Für ihre Persönlichkeitsentwicklung benötigen Kinder Vertrauen in die Person, auf die sie sich verlassen und an der sie sich orientieren. Daher kommt der Authentizität eines Lehrers größte Bedeutung zu. Gerade in der Regelvermittlung ist es fundamental, dass ein Lehrer

- geltende Regeln und Werte lebt, da Kinder durch Nachahmung lernen (Lernen am Modell),
- von der Notwendigkeit hinsichtlich der Regeleinhaltung seitens der Schüler überzeugt ist und dem nicht gleichgültig gegenübersteht,
- bei bestimmten Regeln nicht mit sich verhandeln lässt, aber gegebenfalls den Sinn und Zweck aufzeigt oder an Vereinbarungen erinnert,

[30] Hurrelmann/Unverzagt, Kinder stark machen für das Leben, S. 63

– neue Regelvorschläge seitens der Schülerschaft erproben lässt, dabei aber stets verständnisvoll und einfühlsam auf die Belange der Kinder reagiert.

2.5.2 Verlässlichkeit und Konsequenz aufrecht erhalten

Gleichermaßen von Bedeutung für Kinder ist die Kenntnis über den Sinn und Zweck der jeweiligen Regel als auch über die Folgen bei Regelverstößen. Auf einen Regelübertritt muss daher als logische Konsequenz die Ankündigung einer Maßnahme (siehe Kapitel 2.4 und 2.4.3) oder Strafe als auch deren Umsetzung erfolgen. Aber um sog. „Schnellschüsse" zu vermeiden, kann gerade an dieser Stelle eine Bedenkzeit über „das Aussehen" der Anordnung sinnvoll sein. Dennoch muss eine Konsequenz zügig in die Tat umgesetzt werden, da ein Kind nur so aus den Folgen lernen kann. Zudem ginge sonst die Funktion des Kodexes verloren. In die Wege geleitete Maßnahmen sind dem Kind gegenüber zu begründen und in den direkten Zusammenhang zur entsprechenden Regel zu stellen (sind aber nicht verhandelbar!). Dementsprechend könnte es eine Wiedergutmachung leisten und/oder wiederholt die Regeleinhaltung trainieren.

Natürlich besteht die Möglichkeit, dass sich bei neuer Regeleinführung und konsequentem Eingreifen negatives Verhalten bei manchen Kindern erst einmal verstärkt, mit dem Ziel, die vorherige Situation wiederherzustellen. Gerade an dieser Stelle ist Beständigkeit und Konsequenz unbedingt notwendig, um eine Verhaltensänderung herbeizuführen[31]. Als Unterstützung kann dazu das in Kapitel 1.4.5 beschriebene Token-System dienen.
Lehrer müssen also bei Regelübertretungen

- konsequent dran bleiben,
- in ihrer vertrauensvollen und wertschätzenden Beziehung verlässlich sein,
- mit dem beständigen Zutrauen in jeden einzelnen seiner Schüler reagieren: „Du arbeitest an dir weiter und du schaffst das."

3 Freiräume im Schulalltag

3.1 Rahmenbedingungen

Die dritte und letzte Spitze des „magischen Dreiecks"[32]: „Freiräume im Schulalltag" fordert von einem Lehrer Vertrauen in seine Schüler und Zeit seines Unterrichts ab. Denn innerhalb des „Kinderschutzgebiets Schule" benötigen Kinder „Raum", den sie eigenverantwortlich gestalten dürfen.
Schüler brauchen für die Weiterentwicklung von Selbstständigkeit, Selbstwertgefühl, Personal- und Sozialkompetenzen

- Zeit
- Geborgenheit
- Erprobungsmöglichkeit demokratischen Handelns
- ehrliches Feedback
- vertrauensvolle wegweisende Lehrer, die u. a. Schüler und den verbindlichen Wertekanon vor Übergriffen schützen[33]
- Kenntnis grundlegender Kommunikations- und Konfliktregeln.

[31] Vgl. Eckardt, Regeln finden – Regeln einhalten, S. 8
[32] Hurrelmann/Unverzagt, Kinder stark machen für das Leben, S. 63
[33] Vgl. Kindler, Wenn Sanktionen nötig werden: Schulstrafen Warum, wann und wie?, S. 150

3.2 *Vertrauen zum Lehrer*

Für die Schaffung von Freiräumen benötigen Schüler Vertrauen zu ihrem Lehrer als auch umgekehrt. Auf dieser Basis erhalten sie die Möglichkeit, Fehler oder Fehlentscheidungen als Chance des Dazulernens zu erfahren und nicht als Versagen. „Schülerinnen und Schüler gewinnen Lebenszuversicht, überwinden mitgebrachte Ängste, haben Freude am Lernen, an *trial and error* ... "[34] Sie lernen die Folgen ihrer Entscheidungen und Handlungen zu tragen, d. h. Verantwortung zu übernehmen.

3.3 *Positive Feedback-Mentalität*

Darüber hinaus spielt auch die Förderung einer ehrlichen und respektvollen Feedback-Mentalität untereinander eine wichtige Rolle. Pädagogen sollten ihre Schüler dabei liebevoll auffangen und bei Selbstreflexionen wie Problemlösungen fachmännisch unterstützen, anstatt ihnen Lösungen einfach nur vorzugeben. „Der Lehrer gibt Feedback, wie mit Schwächen umzugehen ist und aus Fehlern gelernt werden kann und betont die Wichtigkeit des (selber und gegenseitigen) Lobens für erbrachte Leistungen."[35] Für jeden Lehrer liegt hierin seine individuelle Herausforderung und kreative Aufgabe, die er tagtäglich zu bewältigen hat.

3.4 *Tipps*

Hier finden Sie einige Anregungen und Praxisbeispiele, die Schülern Freiräume zu eigenverantwortlichem Handeln ermöglichen:

Für den einzelnen Schüler

Durch die Arbeit am Leitfaden für die Schule „Ich weiß, wo's langgeht!" können Schüler

- ein persönliches Portfolio hinsichtlich seiner sozialen als auch personalen Kompetenzen erstellen,
- Selbst-Beobachtungs-Protokoll führen (Förderung der Selbstwahrnehmung und -einschätzung),
- sich persönliche Ziele stecken,
- einen Lebensplan entwerfen und „planen lernen"[36],
- individuelle Interessen/Begabungen entdecken, ausbauen und vertiefen.

Für die Klasse

Durch die Arbeit am Leitfaden für die Schule „Ich weiß, wo's langgeht!" kann die Klasse

- Regeln besprechen, entdecken und entwickeln, formulieren, beschließen (Partizipation), dokumentieren und präsentieren,
- sich gemeinsame Ziele setzen wie z. B. eine bestimmte Regel einzuhalten,
- Klassensprecher wählen[37],
- einen Klassenrat[38] einrichten[39],
- Verschiedenes demokratisch entscheiden dürfen,
- Schreibkonferenzen u. Ä. einrichten,
- offene Unterrichtsformen (z. B. Freiarbeit, Werkstattarbeit ...) anwenden,
- eigene Ideen, Themen und selbst hergestelltes Unterrichtsmaterial mit in den Unterricht einbringen dürfen,

[34] Vgl. Hentig H., Bildungsplan Grundschule Baden-Württemberg, S. 11
[35] Vgl. Groth, Cooperative Learning im Mathematikunterricht, S. 2
[36] Vgl. Ministerium für Kultus, Bildungsplan Grundschule Baden-Württemberg, S. 14
[37] Töpelmann R./Jennewein E./Schiwy M.: Gefühle zeigen – Gewalt vermeiden, S. 48-51
[38] Vgl. Schg § 62 – 69 BW
[39] Vgl. Montessorischule Bonn: Konzept zur Einrichtung des „Klassenrates", S. 1-6

- Podium für Darbietungen wie Tanz, Gesang, Gedichtsvortrag usw. erhalten,
- Klassenzimmer mitgestalten,
- gemeinsam Vereinbarungen/Verträge im Team oder Klassenrat erarbeiten. Eine Vereinbarung schriftlich als Vertrag festzuhalten hat den Vorteil, jederzeit die Einhaltung und die dort dokumentierten Strafen einzusehen,
- eine regelmäßige Klassenlehrer-Sprechstunde einrichten, in der Schüler einen Gesprächstermin vereinbaren dürfen, um sich über ihre vertraulichen Anliegen in Ruhe aussprechen zu können.

Für die gesamte Schülerschaft

Durch die Arbeit am Leitfaden für die Schule „Ich weiß, wo's langgeht!" können die Schüler Ausstellungen von Fotos, Arbeitsblättern, Vorführung von Rollenspielen u. Ä. organisieren und durchführen.

- Schülerrat (Zusammenschluss der Klassensprecher) – Mitwirkungsmöglichkeit[40] – Die Einrichtung eines Schülerrats in der Grundschule hat zum Ziel, Kinder zu demokratischen Vorgehensweisen hinzuführen und sie mit diesen vertraut zu machen. Das bedeutet nicht, Kinder erwachsenengleich alleinverantwortlich handeln zu lassen. Daher benötigt es mindestens einen Lehrer, um einen Schülerrat aufzubauen und wegweisend zu begleiten.
- Gemeinsame Aktionen in Kombination von Beschlüssen zu Regeln (siehe Foto) oder Werten in der Schulgemeinschaft
- Klassenübergreifende Projekttage
- Klassenstufenübergreifende Patenschaften
- Schulhaus und Pausenhof mitgestalten
- Feste und Feiern mitplanen

Kurzes Resümee von Drittklässlern, nach eineinhalb Jahren Arbeit mit dem Portfolio „Ich weiß, wo's langgeht!"

- „Mit meinem Portfolio kann ich die Regeln nicht vergessen."
- „Die Rollenspiele und die Fotos dazu haben mir Spaß gemacht."
- „Man sieht, wie das Malen Fortschritte gemacht hat."
- „Ich finde es gut, dass ich immer nachsehen kann, was ich schon gelernt habe."
- „In meinem Portfolio sind tolle Erinnerungen!"
- „Darin habe ich gezeichnet, was ich mal werden möchte."
- „Ich überlege mir beim Durchsehen immer wieder, was ich schon gut kann oder noch besser machen möchte."
- „Damit kann man aus den Fehlern lernen."
- „Man bekommt Tipps, damit einem nichts passiert."

[40] Vgl. Schg § 62 – 69 BW und www.smv.bw.schule.de

III. Kopiervorlagen

Klasse: ________________ Name: ________________________________ Datum: ________________

Jeder Schüler kann etwas gut und hat positive Seiten. Hier werden Sie fündig. Auf den Schüler Zutreffendes markieren oder einfach nach ☺ 😐 ☹ beurteilen.

Personalkompetenz	**Personalkompetenz**	**Soziale Kompetenz**
a) Betrifft Fähigkeiten bzgl. Auseinandersetzung mit der eigenen Person	**b) Betrifft eigenes Handeln innerhalb einer Gruppe**	**Im Umgang mit Menschen sozial angemessene Verhaltensweisen**
1. Selbstwahrnehmung	1. Zuverlässigkeit	1. Empathie
2. Selbsterkenntnis	2. Genauigkeit	2. Rücksichtnahme
3. Realistische Selbsteinschätzung	3. Leistungsbereitschaft	3. Konfliktlösefähigkeit/ Versöhnlichkeit
4. Selbstkritik/Unrechtsempfinden	4. Lernbereitschaft	4. Kompromissfähigkeit
5. Vertrauen in die eigene Person	5. Verantwortungsbewusstsein	5. Anpassungsfähigkeit
6. Selbststeuerung (Kontrolle)	6. Pflichtbewusstsein	6. Sensibilität
7. Selbstdarstellung	7. Problemlösebewusstsein	7. Offenheit
	8. Ehrgeiz	8. Zivilcourage
	9. Engagement	9. Kooperationsfähigkeit
	10. Pünktlichkeit	10. Hilfsbereitschaft
	11. Durchhaltevermögen (Geduld)	11. Kommunikationsfähigkeit
	12. Flexibilität	12. Rollendistanz
	13. Urteilsvermögen	13. Respekt
	14. Frustrationstoleranz – kann verlieren	14. Kontaktfreudigkeit
	15. Aufrichtigkeit/Ehrlichkeit	15. Führsorglichkeit
	16. Teamfähigkeit	16. Toleranz
	17. Interesse am Gemeinwohl	17. Freundschaften schließen/pflegen

Methodenkompetenz	**Sachkompetenz**
1. Fähigkeit zum selbstständigen Wissenserwerb	1. Wissen kognitiv verarbeiten
2. Informationsrecherche, -entnahme, -auswertung	2. Ergebnisse kritisch bewerten
3. Problemlösestrategien	3. Kompetenzen und Inhalte sind im jeweiligen Lehrplan Ihres Bundeslandes zu finden, z. B. Bildungsplan 2004 Grundschule Baden-Württemberg: Kapitel II zu jedem Fach; Ministerium für Kultus und Sport, Ditzingen
4. Kommunikationstechniken	
5. Verhaltensmethoden	
6. Beherrschung von Lernstrategien (Memorieren, Lernen durch Nachahmung, Lernen durch Wiederholung, Lernen durch Erfahrungen, den Lerntyp betreffend lernen)	

Checkliste: Schüler – individuelle Charakteristika		
– Humor	– Großzügigkeit	– Kann andere loben
– Ausstrahlung von guter Laune	– Ordnungsliebe	– Charme
– Ausgeglichenheit/Ruhe	– Gutes Benehmen/Höflichkeit	– weitere Begabungen:
– Gutmütigkeit	– Freundlichkeit	–
– Begeisterungsfähigkeit	– Freude am Lernen	–
– Mut	– Fantasie	–
– Gerechtigkeitssinn	– Kreativität	–

Vorbereitung Token-System

1. ☺ Vorlage auf ein leuchtend farbiges Papier (je Kind ca. 4 – 5 ☺) und ☹ Vorlage (je Kind ca. ein ☹) auf blasses Papier kopieren.
2. Kopien foliieren.
3. In Kärtchenform ☺ ☹ ausschneiden.
4. Token in eine handliche Box legen.
5. Für jeden Schultag je Schüler ein Bildchen aus dem Computer oder einen Sticker bereithalten (siehe Beispiel-Kopiervorlage).
6. Schüler benötigen einen festen Ort zum Einkleben – entweder Sammelheft oder auch Arbeitsheft.
7. Im Unterricht muss klar sein, an welcher Stelle die Lächlis und Heulis sichtbar für den Lehrer gesammelt werden z. B. in breiter Rille am Tischrand oder im offenen Mäppchen. Es sollte ein Platz sein, von dem aus die Tokens nicht gleich herunterfallen können.
8. Mit der Klasse absprechen, für welches Verhalten es einen Lächli oder Heuli gibt.
9. Ebenfalls klären, in welcher Form die Schüler Anerkennung erhalten, z. B. Medaille, eine Urkunde o. Ä. Die Medaille hat den Vorteil, dass sie für jeden sichtbar stolz getragen werden kann.

Vorschlag einer Bastelanleitung für die Medaillen

1. Für die Medaillen die Lächlikopie vergrößern.
2. Am Computer einen Text wie z. B. „Dem Eigentümer dieser Medaille wird bestätigt, dass er vorbildlich/meistens die Regeln beachtet hat." „Datum", „Name", „Name der Schule", „Klasse" einfügen. Oder verwenden Sie einfach die hier abgebildete Kopiervorlage.
3. Diese Vorlage auf gelbes (Gold), graues (Silber) und hellbraunes (Bronze) Papier kopieren,
4. foliieren,
5. kreisrund ausschneiden,
6. oberhalb einmal lochen,
7. durch das Loch entsprechend ein goldenes, silbernes oder bronzenfarbenes Geschenkband ziehen.

Der große Lächli für besondere Verdienste.

Der Eigentürmer dieser Medaille hat die Regeln vorbildlich beachtet.

Der Eigentürmer dieser Medaille hat die Regeln vorbildlich beachtet.

Der Eigentümer dieser Medaille hat die Regeln beachtet.

Der Eigentümer dieser Medaille hat die Regeln beachtet.

Der Eigentümer dieser Medaille hat die Regeln meistens beachtet.

Der Eigentümer dieser Medaille hat die Regeln meistens beachtet.

Urkunde

für vorbildliches Einhalten der Regeln

Für: ______________________________

Schule: ______________________________

verliehen von: ______________________ Datum: ____________

Sehr geehrte Eltern,

die Klasse ________ beginnt nun mit der Erarbeitung des Leitfadens für die Schule „Ich weiß, wo's langgeht!". Damit arbeitet Ihr Kind an seinen personalen und sozialen Kompetenzen, die für eine erfolgreiche Karriere in der Schule als auch im späteren Beruf entscheidend sind. Die erarbeiteten Regeln und Werte sind für jeden Schüler verbindlich.

Das Portfolio „Ich weiß, wo's langgeht!"

- ist ein Leitfaden für Kinder, mit dem diese den Schulalltag sicher bewältigen. Es enthält z. B. Tipps für selbstbewusstes Auftreten, konzentriertes Arbeiten und Handlungsweisen, die Sicherheit schaffen,
- dokumentiert den individuellen künstlerischen Fortschritt als auch die Schreibentwicklung,
- spiegelt den persönlichen Werdegang und damit die einzigartige Persönlichkeit Ihres Kindes wider.

Daher sollten Sie bitte Ihrem Kind bei diesen Arbeitsblättern nicht helfen oder sogar selbst zeichnen.

In der zugehörigen Mappe, die sich im Klassenzimmer befindet, werden alle Arbeitsblätter gesammelt. Sollten Sie oder Ihr Kind es wünschen, darf das Portfolio natürlich zur Ansicht nach Hause mitgenommen werden. Ihr Kind soll bitte darauf achten, es am nächsten Tag wieder vollständig zurückzustellen.

Vielen Dank für Ihre Mitarbeit.

Mit freundlichen Grüßen

Ich ______________________________ habe von dem Schreiben über

die Handhabung des Portfolios „Ich weiß, wo's langgeht!" Kenntnis genommen.

Unterschrift: ______________________________ Datum: ______________

1. Nenne vier Arbeitsregeln. 4 P

2. Schreibe alle ♥-Regeln auf. 8 P

3. Verbinde die Satzteile zu den richtigen Gesprächsregeln. Einige bleiben übrig. 8 P

Ich begründe	lasse dich nicht zu Wort kommen.
Ich gehe	schließe die Augen und schlafe ein.
Ich schimpfe	weil du eine andere Meinung hast.
Ich lasse	andere Meinungen gelten.
Ich schreie	meine Meinung.
Ich rede	auf deine Worte ein.

4. Umgangsformen/Arbeitsregeln: Schreibe folgende Regeln zu Ende. 7 P

Abfall ______________________________.

Habe ich dir weh getan? ______________________________.

Ich grüße ______________________________.

Ich halte das WC ______________________________.

Im Unterricht bin ich ______________________________.

Ich melde ______________________________.

Bin ich fertig, ______________________________.

5. Streitkultur: Schreibe auf, wie du dich in folgenden Situationen verhalten würdest.
Begründe dein Handeln.

a) Ein Schüler beschimpft und beleidigt dich. 4 P
b) In der großen Pause beginnen zwei Schüler neben dir, sich gegenseitig zu schlagen. 3 P

6. Sicherheit: Schreibe auf, wie du dich in folgenden Situationen verhalten würdest.
Begründe dein Handeln.

a) Auf dem Boden des Klassenzimmers entdeckst du ein altes Papier. 4 P
b) Es gongt zur großen Pause. Du hast Hunger und möchtest dir schnell ein Brötchen kaufen gehen. 3 P
c) Du hast es eilig und möchtest dir ein Brötchen kaufen. Als du beim Schulbäcker ankommst, siehst du, wie dort einige kleine Kinder Schlange stehen. 2 P
d) Dein Freund schlägt dir vor, dass ihr euch in der großen Pause auf der Toilette versteckt. 4 P

7. Zwei Sachen musst du stets beim Gehen über die freie Straße beachten. Welche? 2 P

8. Kreuze an, an welcher Stelle es gefährlich ist, eine Straße zu überqueren: 1 P

☐ am Zebrastreifen ☐ bei parkenden Autos ☐ an der Ampel

1. Nenne vier Arbeitsregeln. (je einen Punkt für eine richtige Arbeitsregel) 4 P

Arbeitsregeln

- Ich melde mich und warte!
- Im Unterricht bin ich aufmerksam und leise!
- Ich bleibe an meinem Arbeitsplatz
- Ich arbeite konzentriert und sorgfältig!
- Bin ich fertig, bleibe ich leise!
- Täglich brauche ich
- Ich halte Ordnung
- Mein Arbeitsplatz ist ordentlich!
- Ich räume alles an seinen Platz zurück!

2. Schreibe alle ♥-Regeln auf. (je einen Punkt pro richtiger Verhaltensregel) 8 P

Verhaltensregeln

- Ich tue niemandem weh!
- Ich mache nichts kaputt!
- Ich nehme nichts weg!
- Ich helfe anderen!
- Ich nehme Rücksicht!
- Ich respektiere andere!
- Ich bin ehrlich!
- Ich wünsche dir Gutes!

3. Verbinde die Satzteile zu den richtigen Gesprächsregeln. Einige bleiben übrig. 8 P

Gesprächsregeln

- So reden wir miteinander.
- Ich lasse andere Meinungen gelten!
- Ich begründe meine Meinung!

Ich begründe	~~lasse dich nicht zu Wort kommen.~~
Ich gehe	~~schließe die Augen und schlafe ein.~~
~~Ich schimpfe~~	~~weil du eine andere Meinung hast.~~
Ich lasse	andere Meinungen gelten.
~~Ich schreie~~	meine Meinung.
~~Ich rede~~	auf deine Worte ein.

4. Schreibe folgende Regeln zu Ende. 7 P

Umgangsformen:

- Abfall räume ich in den Mülleimer.
- Habe ich dir weh getan? Tut es mir leid und ich entschuldige mich.
- Ich grüße andere, die ich kenne!
- Ich halte das WC sauber!

Arbeitsregeln

- Im Unterricht bin ich aufmerksam und leise!
- Ich melde mich und warte.
- Bin ich fertig, bleibe ich leise.

5. Streitkultur: Schreibe auf, wie du dich in folgenden Situationen verhalten würdest.
   Begründe dein Handeln.

   a) Ein Schüler beschimpft und beleidigt dich. 4 P
   „Ich halte mich an die Regel [1] ‚Ich bleibe cool!' Hilft das nicht weiter, [1] gehe ich weg. Ich möchte mich nicht provozieren [1] lassen und damit einen unnötigen [1] Streit verhindern."

   b) In der großen Pause beginnen zwei Schüler neben dir, sich gegenseitig zu schlagen. 3 P
   „Ich halte mich an die Regel [1] ‚Ich hole Hilfe!' Und gehe zum Lehrer, [1] der uns beaufsichtigt und führe ihn zu den sich [1] prügelnden Kindern."

6. Sicherheit: Schreibe auf, wie du dich in folgenden Situationen verhalten würdest.
   Begründe dein Handeln.

   a) Auf dem Boden des Klassenzimmers entdeckst du ein altes Papier. 4 P
   „Ich hebe [1] es auf. Denn ein sauberer [1] Boden ist wichtig, damit niemand darauf [1] ausrutscht und sich verletzt [1]."

   b) Es gongt zur großen Pause. Du hast Hunger und möchtest dir schnell ein Brötchen kaufen. 3 P
   „Ich gehe und [1] renne nicht, damit ich nicht mit einem [1] anderen Kind zusammenstoße oder Ähnliches [1] passiert."

   c) Du hast es eilig und möchtest dir ein Brötchen kaufen. Als du beim Schulbäcker ankommst, siehst du, wie dort einige kleine Kinder Schlange stehen. 2 P
   „Ich stelle mich hinten [1] an der Schlange an und drängle [1] nicht."

   d) Dein Freund schlägt dir vor, dass ihr euch in der großen Pause auf der Toilette versteckt. 4 P
   „Natürlich erinnere ich mich an die Regel ‚Ich bleibe auf dem [1] Schulhof!' Wir bleiben beide in der großen Pause [1] dort, damit uns nichts [1] passiert und der Lehrer weiß, [1] wo wir sind."

7. Zwei Dinge musst du beim Gehen über die freie Straße beachten. Welche? 2 P
   Zügig [1] und auf dem kürzesten [1] Weg über die Straße gehen.

8. Kreuze an, an welcher Stelle es gefährlich ist, eine Straße zu überqueren: 1 P

   ☐ am Zebrastreifen ☒ bei parkenden Autos ☐ an der Ampel

Die Ziffern über den Zeilen von Aufgabe 6 zeigen an, für welche Lösungsteile die Punkte vergeben wurden.

Name: ______________________ Alter: __________ Datum: ______________

Sozialform: Einzelarbeit
Technik: Zeichnen und freies Schreiben
Aufgabe: „Zeichne ein Bild zu unserem Klassenausflug, z. B. den schönsten Moment für dich und schreibe dazu."

Alternativen
1. Vorschlag für Klasse 3/4:
Technik: Schreiben
Aufgabe: „Schreibe eine Nacherzählung zu unserem Klassenausflug."

2. Vorschlag:
Technik: Fotografie
Aufgabe: „Klebe Fotos oder ein Klassenfoto von unserem gemeinsamen Ausflug ein."

Name: ______________________ Alter: __________ Datum: ______________

Name: ______________________ Alter: __________ Datum: ______________

☹

Sozialform: Einzelarbeit

Technik: Zeichnen und freies Schreiben

Aufgabe: „Wähle dir zu dieser Regel ein Gespräch aus.
☹ Zeichne und/oder schreibe in das Heuli-Feld, wie du zwischen verschiedenen Geschichten/Themen hin und her springst und du damit deinen Gesprächspartner verwirrst."
☺ In das Lächli-Feld zeichnest du wieder dich selbst – aber diesmal erzählst du nur eine Geschichte, d. h., du bleibst bei einem Thema. Zeige in deiner Zeichnung, wie dein Gesprächspartner dich versteht."

Hinweise: Für die Darstellung der redenden Person sollten Schüler unbedingt dazu ermutigt werden, frei zu schreiben. Wörtliche Rede in Sprechblasen festzuhalten, eignet sich bei dieser Aufgabe besonders gut.
Für die Darstellung von Verwirrung beim Zuhörer lässt sich z. B. in Comics gut mit einer Denkblase, die Fragezeichen enthält, darstellen. Verständnis könnte mit einer leuchtenden Glühbirne bildnerisch vermittelt werden.

Alt.-Technik: Pantomimische Darstellung fotografisch dokumentiert

☺

Name: ______________________ Alter: __________ Datum: ______________

☹

☺

Name: ________________ Alter: ________ Datum: ____________

☹

Sozialform: Einzelarbeit
Technik: Zeichnen und freies Schreiben
Aufgabe: „Zeichne und/oder schreibe in das ☹-Feld, welche Gefahren für Kinder auf der Schultreppe entstehen können."
Hinweis: Folgendes Verhalten können auf einer Treppe im Schulhaus Unfälle verursachen: Kinder
- rutschen die Stange hinunter,
- nehmen mehrere Stufen auf einmal,
- rennen,
- drängeln,
- stoßen andere,
- lesen oder essen gedankenversunken während dem Gehen.

Tipp: Das Wortfeld „gehen" mittels Pantomine erarbeiten und wiederholen.

☺

Sozialform: Einzelarbeit
Technik: Zeichnen und freies Schreiben
Aufgabe: „Zeichne in das ☺-Feld Kinder, die sicher auf der Treppe gehen und/oder schreibe dazu."
Hinweis: Kinder gehen (Wiederholung Wortfeld „gehen") aufmerksam die Schultreppe hinunter.
Alt.-Techniken: Pantomimische Darstellung fotografisch dokumentiert

Name: ______________________ Alter: __________ Datum: ______________

☹

☺

Name: ______________________ Alter: __________ Datum: ______________

	Nr.																						
	Name:																						
	1																						
	2																						
	3																						
	4																						
	5																						
	6																						
	7																						
	1																						
	2																						
	3																						
	4																						
	5																						
	6																						
	7																						
	8																						
	1																						
	2																						
	3																						
	4																						
	1																						
	2																						
	3																						
	4																						
	5																						
	6																						
	7																						
	8																						
	9																						
	1																						
	2																						
	3																						
	4																						
	5																						
	6																						
	7																						
	8																						
	9																						

	Nr.																						
	Name:																						
	1																						
	2																						
	3																						
	4																						
	5																						
	6																						
	7																						
	8																						
	9																						

	1																						
	2																						
	3																						
	1																						
	2																						
	3																						
	4																						
	1																						
	2																						
	3																						
	4																						
	1																						
	2																						
	3																						
	4																						
	5																						
	6																						
	7																						
	8																						
	1																						
	2																						
	1																						
	2																						
	3																						
	4																						
	5																						

Diese Regeln …
☺ kann ich gut.
😐 muss ich noch beachten.
☹ sind schwer für mich.

Ich und meine Grundschule	☹ **Datum**	😐 **Datum**	☺ **Datum**
Selbstporträt – Das bin ich.			
Das kann ich gut.			
Ich mit anderen			
Meine Schulfreunde			
Ich mag besonders			
Das ist meine Schule.			
Bevor ich gehe, mache ich meinen Job.			

Verhaltensregeln	☹ **Datum**	😐 **Datum**	☺ **Datum**
Ich tue niemandem weh!			
Ich mache nichts kaputt!			
Ich nehme nichts weg!			
Ich helfe anderen!			
Ich nehme Rücksicht!			
Ich respektiere andere!			
Ich bin ehrlich!			
Ich wünsche dir Gutes!			

Gesprächsregeln	☹ **Datum**	😐 **Datum**	☺ **Datum**
So reden wir miteinander.			
Ich lasse andere Meinungen gelten!			
Ich begründe meine Meinung!			
Ich gehe auf deine Worte ein!			

Streitkultur	☹ **Datum**	😐 **Datum**	☺ **Datum**
Ich bleibe cool			
Ich bin der Klügere und gehe weg!			
Ich bin stark und sage nein!			
Ich hole Hilfe			
Was ist passiert? Erzählen und Zuhören			
Im Streit fühle ich mich …			
Ich sage, was ich von dir erwarte!			
Wir finden Vereinbarungen!			
Ich nehme ehrliche Entschuldigungen an!			

Umgangsformen	☹ Datum	😐 Datum	☺ Datum
Wenn ich dir weh getan habe			
Ich bin höflich!			
Ich bin still und höre zu			
Ich bin pünktlich!			
Ich grüße andere, die ich kenne!			
Essen und Trinken			
Ich räume den Abfall in den Mülleimer!			
Ich halte das WC sauber!			
Das gehört nicht in den Unterricht!			

Arbeitsregeln	☹ Datum	😐 Datum	☺ Datum
Ich melde mich und warte!			
Im Unterricht bin ich aufmerksam und leise!			
Ich bleibe an meinem Arbeitsplatz			
Ich arbeite konzentriert und sorgfältig!			
Bin ich fertig, bleib ich leise!			
Täglich brauche ich			
Ich halte Ordnung			
Mein Arbeitsplatz ist ordentlich!			
Ich räume alles an seinen Platz zurück!			

Sicherheit	☹ Datum	😐 Datum	☺ Datum
Im Klassenzimmer			
Ich halte den Boden ordentlich			
Spiele für drinnen			
Im Unterricht auf das WC			
Im Schulhaus			
Ich renne nicht			
Ich nehme Rücksicht			
Ordnung hilft mir und anderen.			
Das bleibt zu Hause!			
Auf dem Schulhof			
Ich bleibe auf dem Schulhof!			
Spiele für draußen			
Wetter-Sonderfälle			
Ich werfe keine Gegenstände			

Sicherheit	☹ Datum	😐 Datum	☺ Datum
Auf dem Schulweg			
Meine schützende Kleidung			
Ich gehe auf dem Fußgängerweg			
Die Straße überquere ich so:			
Zebrastreifen und Ampeln überquere ich so:			
Bei parkenden Autos überquere ich die Straße so:			
Mit … fahre ich zur Schule			
Das ist mein Schulweg!			
Ich lasse mich nicht von Fremden ansprechen!			
Auf dem Ausflug			
Ich bleibe bei meiner Klasse			
An Bushaltestellen und Bahnhöfen			

Literatur

Bartnitzky H., Bunk H.-D.: Kunterbunt Mensch, Natur und Kultur; Ausgabe Baden-Württemberg Arbeitsheft. 1. Leipzig 2004

Bäuerle S., Moll-Strobel H.: Ich bin – Ich kann – Ich mag. Regensburg 1996.

Dreikurs R.: Psychologie im Klassenzimmer. Stuttgart 1973.

Eckardt J.: Regeln finden – Regeln einhalten. Stuttgart 2003.

Grüner B., Hilt F.: Bei Stopp ist Schluss! Regeln und Werte vermitteln (AOL). Lichtenau 2004.

Hurrelmann K. / Unverzagt G. : Kinder stark machen für das Leben. Freiburg 2005.

Innenministerium Baden-Württemberg: Das kleine Zebra mit Oskar, Anna und Willi auf dem Schulweg. Eine Verkehrssicherheitsaktion in Baden-Württemberg. GIB ACHT IM VERKEHR. Stuttgart 2003.

Jaglarz B., Bemmerlein G. : Bußgeldkatalog 70 originelle Zusatzaufgaben bei Regelverstößen. Buxtehude 2008.

Kindler W.: Wenn Sanktionen nötig werden: Schulstrafen – Warum, wann und wie? Mülheim an der Ruhr 2007.

Ministerium für Kultus, Jugend und Sport Baden-Württemberg, Bildungsplan 2004 Grundschule. Ditzingen 2004.

Reimann G. (verantwortlich), Miola U., Hille B., Traub G u. a.: Aktiv gegen Schuleschwänzen. Baden-Württemberg Ministerium für Kultus, Jugend und Sport, Innenministerium, Ministerium für Arbeit und Soziales. Stuttgart 2006.

Schulgesetz für Baden-Württemberg (Schg) in der Fassung vom 1.8.1983 (GBl. S. 397); zuletzt geändert 11.10.2005 (GBl. S. 669/2005; KuU S. 175/2005).

Töpelmann R./Jennewein E./Schiwy M.: Gefühle zeigen – Gewalt vermeiden. Donauwörth 2005.

Steffen H.: Gesprächsregeln und Streitgespräche. Mühlheim an der Ruhr 2004.

Links

Bundesverband der Unfallkassen; www.unfallkassen.de; 09.10.2008

Goethe-Grundschule-Kiel; www.goethe.lernnetz.de; 09.10.2008

Groth K.: Cooperative Learning im Mathematikunterricht, 2003; www.zum.de/zum/wettbewerbe/unterricht-innovativ/projekte/groth/konzept.doc, 08.10.2008.

Grünkorn D., Dr. Pfriem P., Klärung schulpädagogischer Begriffe aus der Sicht Arbeitslehredidaktik; www.arbeitslehre.uni-wuerzburg.de//uploads/media/Kompetenzen_aus_Sicht_der_AL-Did.doc; 08.10.2008

Montessorischule Bonn: Konzept zur Einrichtung des „Klassenrates"; www.montessori-bonn.de/Konzept%20Klassenrat.pdf; 21.12.2008

PRO Schule-News, Schulmanagement, Rechtsberatung und kreative Praxistipps für die Grundschule; E-Mail-Newsletter, Ausgabe vom 9.10.2008; www.schule-management.de; 15.10.2008

Schülermitverantwortung Baden-Württemberg; www.smv.bw.schule.de; 9.10.2008

Verkehrswacht Medien&Service-Center; www.lernwerkstadt.de; 09.10.2008

zzzebra, Das Web-Magazin für Kinder; www.labbe.de/zzzebra/index.asp; 09.10.2008

Inhaltsverzeichnis der Arbeitsblätter aus dem Portfolio

Ich und meine Grundschule

Die Bearbeitung des ersten Kapitels „Ich und meine ...-Grundschule" dient dem Kind zur

- Identifikation mit den Inhalten des Arbeitsheftes,
- Förderung des Zugehörigkeitsgefühls an der Schule und
- Stärkung des Selbstbewusstseins.

In jedem Fall ist mit den ersten drei Arbeitsblättern zu beginnen.

⚀ Selbstporträt – Das bin ich.

⚁ Das kann ich gut.

⚂ Ich mit anderen

Mit diesen Seiten erhält jeder Leitfaden von Beginn an eine „persönliche Note". Dadurch motiviert, sind Kinder leichter in die Regel- und Wertevermittlung (Kapitel 1 – 7) einbindbar.

Ich

Stefanie

und meine

Weststadtschule Bühl

Beispiel einer selbst gestalteten Titelseite

Sozialform: Einzelarbeit
Technik: Zeichnen
Aufgabe: „Zeichne dich selbst. Fülle das Blatt ganz aus."
Hinweis: An das Thema Selbstporträt gehen Kinder stets motiviert heran, da sie die einfache Aufgabe bekommen, sich selbst darstellen zu dürfen. Gerade zu Beginn ist ein Ganzkörper-Porträt schön. Im Laufe der Zeit können die unterschiedlichsten Porträts hinzugefügt werden, wie z. B. Ganzfigur, Büste oder Kopfbild.
Alt.- Technik: Fotografie
Alternative Aufgabe: „Sammle Zeitungs- und Prospektausschnitte, die deine Person beschreiben."
Technik: Collage – mit Hinweisen für persönlichen Vorlieben z. B. Eintrittskarten oder Prospektausschnitte (Lieblingsessen, -süßigkeit, -sportart, -hobby, -urlaubsland, -popstar).

Name: L/K4 Datum:

zu Seite 5

☺

Sozialform: Einzelarbeit
Technik: Zeichnen und freies Schreiben
Aufgabe: „Überlege dir vier Dinge, die du gut kannst. Zeichne dich bei dieser Tätigkeit auf. Schreibe dazu (Begriffe, Namen usw.)."
Hinweise: Für manche Kinder kann es ein Problem darstellen, vier persönliche Stärken zu finden. Hilfreich ist es, dem Schüler in einem Gespräch seine Stärken bewusst zu machen.
Jeder Schüler sollte mehr als nur eine Stärke von sich kennen.

☺

Stärken: Z. B. Fußballspielen, Lesen, Aufräumen, Basteln, Malen, mit Legosteinen bauen, Streit schlichten, Rennen, Rechnen, Tanzen, Singen, Reiten, Backen, Spülmaschine einräumen, Hausaufgaben anfertigen, Briefe schreiben, Instrument spielen, Helfen
Alt.-Techniken:
Fotografie: Die Schüler können eine Aufnahme bei der Ausübung ihres Hobbys von zu Hause mitbringen, z. B. vom Fußballtraining, und diese einkleben.
Pantomime: Jedes Kind stellt pantomimisch eine persönliche Stärke dar, diese wird fotografiert und anschließend im Portfolio dokumentiert.

☺

Tipp zur Einführung: **Das Klassen-Kinder-Rätsel**
Jedes Kind bekommt vom Lehrer ein leeres Kärtchen. Darauf schreibt es seinen Namen. „Ich kann gut ..." und vier Dinge (Stichworte), die es gut kann. Natürlich kann auch ein Kind seine Stärken zeichnen. Anschließend werden die geheim ausgefüllten Kärtchen abgegeben. Nur der Lehrer darf das Geschriebene oder Gezeichnete sehen. Die Stärken eines Schülers werden vom Lehrer vorgelesen und die Klasse darf raten, welcher Schüler sich dahinter verbirgt.

☺

Schüler spielen immer wieder gerne das vorgestellte Klassen-Kinder-Rätsel und es hilft ihnen, sich ihrer Stärken auf vielen Gebieten bewusst zu werden und sich gegenseitig besser kennenzulernen.

Selbstwertgefühl wird aufgebaut, Anerkennung vermittelt und gegenseitiger Respekt gefördert.

zu Seite 6

☺ … MIT MEINER KLASSE.

Sozialform: Klassenaktion
Technik: Fotografie
Aufgabe: Klassenfotografie
Hinweise: Gerade zu Beginn eines Schuljahres ist es üblich, ein Klassenfoto aufzunehmen, entweder vom Schulfotografen oder eine selbst erstellte Digitalaufnahme. Ist das Klassenfoto groß, kann man natürlich mit dem großen Bild beide ☺-Felder überkleben und verzichtet einfach auf die Lehrerdarstellung im unteren Feld.
Tipps: Überschrift „Wir gehören zusammen!"
Viele Schüler lieben es Unterschriften bzw. Autogramme zu sammeln. Zu dem eingeklebten Foto jeden Beteiligten unterschreiben zu lassen, das ist eine ansprechende Gestaltung zum Bild.
Die Klasse kann gemeinsam oder in Gruppenarbeit ein Klassenmotto verfassen und dieses dokumentieren wie folgendes authentische Beispiel:
„Die Klasse 3b, tut niemandem weh.
Wie nehmen nichts weg, sondern fragen nett.
Nichts geht kaputt, denn wir handeln klug.
Wir helfen gern, ob nah und fern.
Im Osten oder Westen – wir 3b-ler sind die Besten."

☺ … MIT MEINEN LEHRERN.

Sozialform: Einzelarbeit
Technik: Zeichnen und freies Schreiben
Aufgabe: „Zeichne alle deine Lehrer und dich selbst. Schreibe deren Namen dazu. Achte wie immer darauf, das Blatt ganz auszufüllen."
Alt.-Technik: Fotografie
Tipp: Auch hier ergänzen gesammelte Unterschriften auf originelle Art und Weise die zeichnerisch dargestellten Personen.

zu Seite 7

Sozialform: Einzelarbeit
Technik: Zeichnen und freies Schreiben
Aufgabe: „Zeichne dich und deine Freunde, schreibe auch dazu (z. B. Namen, Begrüßungen, was du an deinen Freunden gut findest usw.). Achte wie immer darauf, dein Blatt ganz auszufüllen."

Alternativen
Sozialform: Partner- oder Gruppenarbeit
Technik: Zeichnung
Aufgabe: 1. Vorschlag:
„Zeichne dich selbst, gib dann deinem Freund das Blatt und dieser soll sich selbst neben dich zeichnen. Er gibt das Blatt weiter usw.
2. Vorschlag:
„Zeichne dich selbst auf diese Seite. Dein Freund malt sich auf ein Extrablatt und schneidet sein Selbstporträt (i. d. R. Ganzfigur) aus. Klebe dann dieses Bild zu deiner Zeichnung dazu usw."
Alt.-Technik: Fotografie
Hinweis: Das Thema „Freunde" ist für Kinder von größter Bedeutung. Gerade Konflikte unter Freunden können des Öfteren eine konzentrierte Arbeitsatmosphäre massiv beeinträchtigen. Daher ist eine intensive Auseinandersetzung mit Fragen wie „Woran erkenne ich einen Freund?", „Wie verhält man sich als Freund?" oder „Wie gewinne ich einen Freund?" eine effektive Präventivmaßnahme für eine positive Arbeitsatmosphäre.
Tipp: Zu diesen Fragen eignet sich auch die Darstellung eines Clusters.
Beispiele: Ein Freund
- ist zu mir freundlich, ehrlich, lieb, respektvoll, nett, hilfsbereit, versöhnlich und kann ein Versprechen halten, mir zuhören, mich trösten, sich für gleiche Dinge (Spiele, Hobbys, Themen) interessieren oder Geheimnisse für sich behalten usw.
- hat Zeit für mich, ist großzügig zu mir, z. B. wenn wir etwas teilen,
- spricht bei anderen gut über mich,
- ist kein Konkurrent, sondern wünscht mir Gutes und ich ihm.
  Ich gewinne einen Freund, wenn ich mich freundlich, nett, ehrlich, hilfsbereit … verhalte oder etwas ausleihe, verschenke, teile usw.

zu Seite 8

… AN MEINER KLASSE:

Sozialform: Einzel- oder Partnerarbeit
Technik: Zeichnen und freies Schreiben
Aufgabe: „Überlege dir, was an unserer Klasse gut ist. Zeichne und/oder schreibe es auf. Achte wie immer darauf, das Blatt ganz auszufüllen."
Hinweis: Es ist an dieser Stelle wichtig, dass Kinder ausreichend Zeit erhalten, sich ihre eigenen Gedanken bzgl. der Situation in ihrer Klasse zu machen. So entsteht ein verbessertes Gemeinschaftsbewusstsein.
Sollte Schülern zu Beginn Ideen fehlen, können ein bis zwei der folgenden Beispiele als Anregung vorgestellt werden: Ich mag besonders an meiner Klasse

- dass wir Neues lernen, gemeinsam spielen, Streit lösen, uns gut verstehen, alles geklärt bekommen, nicht so oft Streit haben, uns gegenseitig helfen, Partnerarbeit durchführen, zusammenhalten, im Unterricht meistens leise sind,
- dass man schnell Freunde findet, wir in der Klasse zusammenhalten und keiner alleine spielt,
- meine Freunde, den Lehrer und manchmal auch meine Testergebnisse.

Alt.-Techniken: Rollenspiel und Foto-Dokumentation
Aufgabe: „Spielt als Team oder Gruppe vor, was ihr an unserer Klasse gut findet."

… DIESEN PLATZ:

Sozialform: Einzelarbeit
Technik: Zeichnen und freies Schreiben
Aufgabe: „Zeichne deinen Lieblingsplatz und/oder schreibe dazu. Achte wie immer darauf, das Blatt ganz auszufüllen."
Beispiele für Lieblingsplätze:

- Unter dem Tisch oder Waschbecken
- Spielecke
- Leseecke
- mein Sitzplatz
- die Couch
- neben dem Regal
- direkt vor der Tafel usw.

Hinweis: Natürlich ist es auch in Ordnung, dass Kinder keinen Lieblingsplatz haben. Dies ist dann ebenfalls in diesem Feld festzuhalten.
Alt.-Technik: Fotografie

zu Seite 9

☺

Sozialform: Einzelarbeit
Technik: Zeichnen und freies Schreiben
Aufgabe: „Zeichne unsere Schule und/oder schreibe dazu.“
Alt.-Technik: Fotografie

☺ **AN MEINER SCHULE MAG ICH …**

Sozialform: Einzelarbeit
Technik: Zeichnen und freies Schreiben
Aufgabe: „Zeichne und/oder schreibe auf, was dir an unserer Schule besonders gefällt.“
Beispiel: **An meiner Schule mag ich:**
Den Sport-, Kunst-, Musikunterricht, die Kernzeit, die Pausen, Pausenspiele, den schönen Pausenhof, die schönen Klassenzimmer, die freundlichen Lehrer, die Sporthalle, die Feste, die Lesenacht usw.
Alt.-Technik: Fotografie

Alternative
Sozialform: Partner und/oder Gruppenarbeit
Technik: Umfrage
Aufgabe: „Führt eine Umfrage mit dem Thema ‚Das gefällt mir an unserer Schule' durch und schreibt die Aussagen auf.“
Eigene Notizen: Folgende Punkte wertschätzen Kinder an unserer Schule:

zu Seite 10

☺ AUFRÄUMEN!

Sozialform: Einzelarbeit
Technik: Zeichnung
Aufgabe: „Zeichne dich beim Aufräumen, beim Hochstellen deines Stuhles und bei der Ordnungskontrolle (s. u.). Zeichne in jedes Feld ein passendes Bild und schreibe dazu."
Tipp: Zu dem Thema „Ordnung" eignet sich als Einstieg auch ein Cluster oder Mindmap.
Alt.-Techniken: Pantomime, Fotografie

☺ STUHL HOCHSTELLEN!

☺ ORDNUNGSKONTROLLE: ALLES SAUBER? TAFEL, BODEN …

Hinweise: Im Klassenzimmer und Flur/Vorraum gibt es verschiedene Bereiche, die sauber und ordentlich zu halten sind. Da diese von allen genutzt werden, sind daher auch alle gemeinsam für Ordnung und Sauberkeit verantwortlich. Dies trifft auf folgende Bereiche wie z. B. das Waschbecken, die Spielecke, den Boden, die Garderobe, die Tafel, Bücherregale zu. Ordnungskontrolle bedeutet nicht nur zu überprüfen, sondern auch ggf. entdeckte Unordnung in irgendeiner Art und Weise zu beheben.
Tipp: Um eine verlässliche Ausführung der Klassendienste zu trainieren, sollten Lehrer den Schülern diesbezüglich Feedback geben, indem z. B. die einzelnen Dienste mit ☺ 😐 ☹ nach jedem Schultag zu den Bereichen Ordnung und Sauberkeit protokolliert werden.

zu Seite 11

Verhaltensregeln

Das Herzsymbol steht für die wichtigsten Verhaltensregeln und Werte. Die Inhalte dieses Kapitels bilden sozusagen das „Herzstück" des Kodexes.
An dieser Stelle ist es besonders wichtig, Kindern für die Erarbeitung ausreichend Zeit zur Verfügung zu stellen. So lernen diese, sich

- besser in eine Situation hinzuversetzen,
- in Personen einzufühlen,
- Gedanken über hilfreiches Verhalten innerhalb der ausgewählten Situation zu machen.

☹

Sozialform: Einzelarbeit
Technik: Zeichnen und freies Schreiben
Aufgabe: „Wähle zu dieser Regel ein passendes Erlebnis aus.
☹ Male und/oder schreibe in das Heuli-Feld, wie du gegen die Regel verstößt.
☺ In das Lächli-Feld malst du wieder dich selbst in der gleichen Situation, aber diesmal hältst du die Regel ein."
Hinweise: Siehe auch Beispiel Kap. I.3, Seite 7 „Unterrichtsgestaltung mit dem Leitfaden für die Schule". Fehlt es Kindern an Ideen, können ein bis zwei Beispiele als Anregung vorgestellt werden.
Beispiele für: **Körperliche Verletzungen:**
beim Ballspielen treten o. Ä., jemanden grob aus dem Weg stoßen, beim Bauprojekt aus Neid oder Provokation einem Kind weh tun, aus Wut schlagen
Emotionale Verletzungen:
Drohen – Angst machen, Anschreien, Beschimpfungen oder kränkende Spitznamen äußern, ein Kind, dessen Familie oder Freunde beleidigen und Lügen/Gerüchte verbreiten, jemanden bevormunden (erniedrigen), sich über ein anderes Kind lustig machen oder andere auslachen, über andere schlecht reden oder Vorurteile verbreiten, gegen einen Schüler eine Gruppe bilden

☺

Gründe für verletzende Verhaltensweisen:
Sich einen Vorteil verschaffen; Rache üben, provozieren; Frust, Stress oder Wut abreagieren; mangelndes Selbstwertgefühl; sich alleine fühlen; Neid; ungeschicktes Auf-sich-aufmerksam-machen; Fehlentwicklungen der Psyche ...
Tipp für Kl. 3/4: Schüler eine Befragung zum Thema „Vorurteile" durchführen lassen.
Hilfr. Verhalten:
- Sich um ein Gespräch bemühen
  Fragen: „Darf ich bitte mitspielen?" oder „Darf ich bitte auch einmal das Buch haben?" oder „Machst du mir bitte etwas Platz?"
  Antworten: Zustimmung – „Klar darfst du mitspielen."
  Kompromiss: „Wir können abwechselnd das Buch lesen." oder „Ich rutsche/gehe etwas zur Seite." usw.
  Verneinung: „Nein, dieses Spiel kann man nur zu zweit spielen." Natürlich ist ein „Nein" erlaubt und muss akzeptiert werden. Für die Akzeptanz der Verneinung ist jedoch eine respektvolle Haltung entscheidend.
- Ruhig bleiben oder bei Provozierungen „kalte Schulter" zeigen.
  (siehe Seite).
- Weggehen und Hilfe holen.

zu Seite 13

☹

Sozialform: Einzelarbeit

Technik: Zeichnen und freies Schreiben

Aufgabe: „Wähle zu dieser Regel ein passendes Erlebnis aus.
☹ Zeichne und/oder schreibe in das Heuli-Feld, wie du gegen diese Regel verstößt.
☺ In das Lächli-Feld zeichnest du wieder dich selbst, in der gleichen Situation, aber diesmal hältst du die Regel ein."

Hinweise: Die Aufgabenstellung ist für alle Arbeitsblätter der Verhaltensregeln gleich. Die Schüler erfassen daher schnell auch ohne den Lehrer, was zu tun ist.
Ein behutsamer Umgang ist ausnahmslos mit allem selbstverständlich:

- „Produktionen" (Ausstellungen, Kunstwerken, Versuchsstationen usw.)
- Gegenständen (Spiele, Möbel, Bücher, Bilder, Stifte, Kleidern usw.)
- Natur

Manchen Kindern fehlt eine wertschätzende oder auch dankbare Haltung dem gegenüber, was ihnen im Schulalltag zur Verfügung gestellt wird. Hilfreich ist in dieser Situation, all das positiv in den Mittelpunkt zu stellen und sich darüber zu freuen. Ebenfalls interessant ist es, mit der Klasse über die materielle oder emotionale Wertigkeit zu diskutieren.

☺

zu Seite 14

☹

Sozialform: Einzelarbeit
Technik: Zeichnen und freies Schreiben
Aufgabe: „Wähle zu dieser Regel ein passendes Erlebnis aus.
☹ Zeichne und/oder schreibe in das Heuli-Feld, wie du gegen diese Regel verstößt.
☺ In das Lächli-Feld zeichnest du wieder dich selbst in der gleichen Situation, aber diesmal hältst du die Regel ein."

Hinweise: Sollte Kindern nichts dazu einfallen, können einige dieser Beispiele helfen.
- bei Spielen wie z. B. Ballspiel oder Kartenspiel Spielmaterial an sich nehmen
- bei einem Bauprojekt etwas wegnehmen
- Schreibwaren, Süßigkeiten, Geld oder Schmuck entwenden

Ursachen:
- Rache üben
- Provozieren
- Ärgern
- Neid
- Hunger
- Familiäre Probleme verschiedenster Art
- Fehlentwicklungen der Psyche

☺

Hilfr. Verhalten: Miteinander reden, ruhig bleiben, sich einem Lehrer oder Sozialarbeiter anvertrauen

Beispiele: **für „miteinander reden":**

Fragen:
„Darf ich bitte den Stift einmal kurz ausleihen?"
„Darf ich bitte auch einmal probieren, wie mir die Kette steht?"
„Gibst du mir bitte ein Stück von deiner Mandarine?" u. Ä.

Antworten:
Zustimmung: „Ja, du darfst mit meinem Stift schreiben."
Kompromiss: „Ja, aber bekomme ich dann bitte auch etwas von deiner Banane?"
Verneinung: „Nein, mein Pausenbrot reicht nur für mich aus." Natürlich ist ein „Nein" erlaubt und muss akzeptiert werden. Für die Akzeptanz der Verneinung ist jedoch eine respektvolle Haltung entscheidend.

Ruhig bleiben!

Hinweise: Es ist wichtig, den Begriff des „Ausnutzens" genau zu definieren, um diesem Fehlverhalten in der Klasse vorzubeugen.
Außerdem sollten die Schüler darüber informiert werden, dass man über alles mit dem Lehrer oder Sozialarbeiter sprechen kann und sich diese um Hilfe bemühen. Hat ein Kind meistens kein Pausenbrot, sollte nachgeforscht werden, aus welchem Grund dieses fehlt und ggf. eine Rücksprache mit den Eltern stattfinden.

zu Seite 15

☹

Sozialform: Einzelarbeit
Technik: Zeichnen und freies Schreiben
Aufgabe: „Wähle zu dieser Regel ein passendes Erlebnis aus.
☹ Zeichne und/oder schreibe in das Heuli-Feld, wie du gegen diese Regel verstößt.
☺ In das Lächli-Feld malst du wieder dich selbst in der gleichen Situation, aber diesmal hältst du die Regel ein."

Hinweise: Bei Spielen für Partner- oder Gruppenarbeit gilt: „Keiner bleibt alleine."
Ebenfalls von Bedeutung ist es, über die erlebten Gefühle des Helfers als auch des Kindes, dem geholfen wurde, zu sprechen. I. d. R. lautet das Fazit, dass beide Seiten eine positive Erfahrung machten. Diese Eindrücke können in die Bearbeitung des Arbeitsblattes mit einfließen.

Folgende Beispiele können weiterhelfen:

- einem anderen Kind etwas erklären, ausleihen, tragen oder vom Pausenbrot abgeben
- ist ein Kind alleine, zu ihm gehen oder auf einen neuen Schüler freundlich zugehen
- einem anderem Kind beim Aufraumen oder Putzen helfen; einem kranken Mitschüler die Hausaufgaben nach Hause bringen
- ein anderes Kind bei Gruppenarbeit dazuholen, mitspielen lassen, trösten

Name: Katharina Alter: Datum:

zu Seite 16

☹

Sozialform: Einzelarbeit
Technik: Zeichnen und freies Schreiben
Aufgabe: „Wähle zu dieser Regel ein passendes Erlebnis aus.
☹ Zeichne und/oder schreibe in das Heuli-Feld, wie du gegen diese Regel verstößt."
Hinweis: Die Bedeutung des Begriffs „Rücksicht" sollte der Klasse erläutert werden, um Verwechslungen z. B. mit dem Begriff „Vorsicht" zu vermeiden.

In folgenden Situationen sollte Rücksicht genommen werden:

- in einer Warteschlange nicht drängeln
- im Schulhaus leise sein
- Jüngeren den Vortritt lassen
- bei Verletzten oder Kranken vorsichtig bzw. rücksichtsvoll sein
- an der Rutsche oder dem Klettergerüst nicht zu wild spielen
- jemandem, der erschöpft ist, einen Sitzplatz organisieren
- usw.

☺

Sozialform: Einzelarbeit
Technik: Zeichnen und freies Schreiben
Aufgabe: „☺ In das Lächli-Feld malst du wieder dich selbst in der gleichen Situation, aber diesmal hältst du die Regel ein."

Alternative
Sozialform: Partner und/oder Gruppenarbeit
Technik: Befragung
Aufgabe: „Führt eine Befragung in der großen Pause mit folgenden Fragen durch (oder Schüler selbst Fragen entwickeln lassen).

- In welcher Situation nahm ein Mitschüler in letzter Zeit Rücksicht auf dich?
- In welcher Situation hast du in letzter Zeit auf jemanden Rücksicht genommen?
- Wo sollte an unserer Schule deiner Meinung nach mehr Rücksicht aufeinander genommen werden?"

zu Seite 17

☹

Sozialform Einzelarbeit
Technik: Zeichnen und freies Schreiben
Aufgabe: „Wähle zu dieser Regel ein passendes Erlebnis aus. ☹ Zeichne und/oder schreibe in das Heuli-Feld, wie du gegen diese Regel verstößt."
Hinweis: Hier gilt es in der Klasse, die Bedeutung des Begriffs „Respekt" zu klären und dazu Beispiele zu finden.

Beispiele für respektlose Verhaltensweisen:

- Anschreien, Beleidigungen oder Ausdrücke sagen
- jemanden bevormunden
- sich über ein anders Kind lustig machen
- zu einem anderen Kind schlechte Dinge über dieses selbst, dessen Familie oder seine Freunde sagen
- aufdringliches Verhalten
- Testnoten anderer Kinder ausspionieren
- frech sein (Zunge rausstrecken), Spucken o. Ä.
- mitten im Gespräch weggehen und den anderen stehen lassen
- Lügen über ein anderes Kind verbreiten (Gerüchte) z. B. anderen erzählen, der oder die sei in jenen verknallt usw.
- unterlassene Hilfe
- Missachten der Anweisung des Lehrers

☺

Aufgabe: „☺ In das Lächli-Feld malst du wieder dich selbst in der gleichen Situation, aber diesmal hältst du die Regel ein und/oder schreibe dazu."

Hinweis: Respektvolles Verhalten zeigt sich in angemessener Distanz, Körpersprache und Sprache durch den Einsatz: des Tonfalls, der Lautstärke, der Wortwahl und in höflichen Verhaltensweisen.

Tipp: Schüler in Partnerarbeit ein Rollenspiel entwickeln und vorführen lassen – das Ganze fotografisch festhalten. Es ist wichtig, auf einfühlsame Art und Weise, Schülern respektloses Verhalten zu spiegeln, da sie sich häufig dessen gar nicht bewusst sind.

zu Seite 18

☹

Sozialform: Einzelarbeit

Technik: Zeichnen und freies Schreiben

Aufgabe: „Wähle dir zu dieser Regel ein passendes Erlebnis aus.
☹ Zeichne und/oder schreibe in das Heuli-Feld, wie du gegen diese Regel verstößt.
☺ In das Lächli-Feld zeichnest du wieder dich selbst in der gleichen Situation, aber diesmal hältst du die Regel ein."

Hinweise: Natürlich gibt diese Regel keinen Freibrief, anderen negative Gedanken an den Kopf zu werfen. Daher sollte vorher die Regel „Ich respektiere andere!" erarbeitet werden. Ein Lehrer sollte die Schüler darauf hinweisen, dass er ihnen nur dann wirklich helfen kann, wenn diese ehrlich zu ihm sind. Lügen bringen Kinder nicht nur in Schwierigkeiten oder sogar in Gefahr, sondern zerstören auch grundlegendes Vertrauen.

☹-Beispiele für unehrliches Verhalten:

- vorgeben, Hausaufgaben gemacht zu haben
- bei Tests abschreiben
- etwas anstellen, andere verletzen oder ärgern und das nicht zugeben wollen
- oder etwas als Besitz ausgeben, das einem nicht gehört

Name: Thu Datum:

zu Seite 19

☹

Sozialform: Einzelarbeit

Technik: Zeichnen und freies Schreiben

Aufgabe: „Wähle dir zu dieser Regel ein passendes Erlebnis aus.
☹ Zeichne und/oder schreibe in das Heuli-Feld, wie du gegen die Regel verstößt.
☺ In das Lächli-Feld zeichnest du wieder dich selbst in der gleichen Situation, aber diesmal hältst du die Regel ein."

Hinweise: Bei dieser Regel geht es darum Schadenfreude, Unzufriedenheit, übersteigertem Konkurrenzdenken oder Leistungsdruck entgegenzuwirken, d. h. die Frustrationstoleranzgrenze anzuheben. Im Sport würde man dazu sagen: „Man ist ein fairer Verlierer und auch ein fairer Gewinner!"

Fallbeispiel: Ein Kind hat eine bessere Note erhalten und ein anderer ist aus diesem Grunde neidisch. Dabei missgönnt man nicht nur dem anderen diese Note, sondern kann sich auch nicht über die eigene Leistung freuen, die i. d. R. trotzdem gut ist. So läuft ein Kind Gefahr, sich selbst zu hohen Leistungsdruck aufzubürden und ein mangelndes Selbstwertgefühl zu entwickeln. Es ist nicht nur wichtig zu lernen, sich an seinem eigenen Maßstab zu messen, sondern auch seine Einzigartigkeit zu erkennen und diese wertzuschätzen. Für diesen wichtigen Prozess spielt die positive Rückmeldung des Lehrers eine entscheidende Rolle.

Weitere Situationen: Wettkampf, Spiel, Malen, Wettbewerb, Geschenke usw.

zu Seite 20

Gesprächsregeln

Die Regeln dieses Kapitels bilden die Grundlage erfolgreicher Gesprächsführung, fördern respektvolles Verhalten und tragen zu einem guten Miteinander bei.

ICH HÖRE DIR ZU.

Tipp: Zur **Einführung** im Klassenverband: Mit Chorsprechen und Bewegungen die Verhaltensweisen handlungsorientiert einprägen wie z. B. bei folgendem Vorschlag:

1. „ICH HÖRE DIR ZU."
   Mit der linken und rechten Hand hinter das entsprechende Ohr „Elefantenohren" formen.
2. „ICH SCHAUE DICH AN."
   Mit der linken und rechten Hand vor dem entsprechenden Auge ein „Fernglas" zum Durchschauen bilden.
3. „ICH LASSE DICH AUSREDEN."
   Eine Hand auf den Mund legen, um Schweigen darzustellen.

ICH SCHAUE DICH AN.

Sozialform: Einzelarbeit
Technik: Zeichnen und freies Schreiben
Aufgabe: „Zeichne dich selbst, wie du in einem Gespräch mit einem anderen Kind diese drei Schritte beachtest."
Hinweise: Um der zeichnerischen Darstellung etwas Humor beizufügen, eignen sich auch stilistische Elemente aus Comics wie z. B. langgezogene oder riesige Ohren, „Stiel-Augen", mit „bla, bla, bla …" gefüllte Sprechblasen u. Ä.
Dabei ist jedoch darauf zu achten, dass trotz der humorvollen Darstellung die Thematik an sich nicht ins Lächerliche gezogen wird.
Alt.-Technik: Pantomimische Darstellung fotografisch dokumentiert

ICH LASSE DICH AUSREDEN.

Name: Stefanie Datum:

zu Seite 22

☹

Einführung: In der Klasse können gemeinsam Beispiele für verschiedene Meinungen zusammengetragen und die Bedeutung der Regel geklärt werden. Dazu ist es hilfreich, dass Schüler in Partnerarbeit ein Rollenspiel entwickeln und vorführen.

Sozialform: Einzelarbeit

Technik: Zeichnen und freies Schreiben

Aufgabe: „Wähle dir zu dieser Regel ein Gespräch aus.
☹ Zeichne und/oder schreibe in das Heuli-Feld, wie du dich mit einem anderen Kind streitest, da du seine Meinung nicht in Ordnung findest, d. h. nicht gelten lässt."
☺ In das Lächli-Feld zeichnest du wieder dich selbst, aber diesmal lässt du die Meinung des anderen Kindes gelten."

Hinweise: Für die Darstellung der sprechenden Person sollten Schüler auch hier unbedingt ermutigt werden, frei zu schreiben. Sprechblasen eignen sich auch hier gut als gestalterisches Element. Für die Illustration der persönlichen Meinung reichen einfache Symbole aus, z. B. ein Pferd und ein Herz für „Mein Lieblingstier ist das Pferd" und das andere Kind könnte in seiner Sprechblase eine Katze und ein Herz stehen haben. Als Symbol für Ärger eignen sich (wie in Comics) abstrakte Zeichen z. B. Blitze, Spiralen, Fäuste u. Ä. Die Bedeutung von „eine andere Meinung gelten zu lassen" sollte verdeutlicht werden.

Alt.-Technik: Rollenspiel fotografisch dokumentiert und mit Sprechblasen ergänzen

☺

Beispiele: Im Sportbereich, z. B. Fußball, ist diese Regel anschaulich zu erklären. In einer Klasse gibt es Fans verschiedener Fußballvereine oder -spieler. Eine „andere Meinung gelten lassen"[1], bedeutet für einen kleinen Fan des VfB Stuttgart zu respektieren, dass ein Klassenkamerad den Hamburger SV für den besten Verein hält.

Weitere Themen für Meinungsverschiedenheiten:
Bei Partner- oder Gruppenarbeit über die Gestaltung, Einsatz der Materialien oder Vorgehensweisen, Kleiderstil, Lieblingstiere, Sportarten, Hobbys, usw.

[1]Steffen H.: Gesprächsregeln und Streitgespräche, S. 28

zu Seite 23

☹

Einführung: Schüler in Partnerarbeit Rollenspiele entwickeln und vorführen lassen. Daraus können u. a. folgende Situationen entstehen:
- Beide Kinder sind beleidigt, keiner spricht mit dem anderen oder sie ignorieren einander.
- Ein Kind zieht sich zurück, aber der andere möchte gerne über die Meinung des anderen sprechen und Näheres dazu erfahren.
- Ein Kind muss sich erst Zeit nehmen und überlegen (oder Hilfe holen), wie es seine Meinung begründet. So lange wartet der Gesprächspartner.
- Beide Kinder tauschen sich über ihre Meinungen aus, d. h. erklären und begründen sich abwechselnd ihre Meinung.

Sozialform: Einzelarbeit

Technik: Zeichnen und freies Schreiben

Aufgabe: ☹ „Zeichne und/oder schreibe in das Heuli-Feld, wie du mit dem anderen Kind nicht sprechen möchtest oder dir keine Mühe gibst, dem anderen deine Meinung zu begründen[2].

Alt.-Technik: Rollenspiel fotografisch dokumentiert und mit passenden Sprechblasen gestalterisch ergänzen

[2]Steffen H. : Gesprächsregeln und Streitgespräche, S. 30

☺

Sozialform: Einzelarbeit

Technik: Zeichnen und freies Schreiben

Aufgabe: ☺ „In das Lächli-Feld zeichnest du wieder dich selbst. Versuche diesmal dem anderen Kind deine Meinung, die du auf deinem vorherigen Arbeitsblatt dargestellt hast, zu begründen."

Hinweis: Die Bedeutung des Begriffs „Begründen" im Sinne von Argumentieren oder sich mit einer Meinung auseinandersetzen, sollte den Schülern nochmals erklärt werden.

Beispiele: Es ist besonders bei Partner- oder Gruppenarbeit wichtig, dass Kinder üben, anderen die eigene Meinung zu begründen, wie z. B. bei einer gemeinsamen Plakatgestaltung für die gewünschte Farb-, Material oder Bildwahl Argumente zu finden und diese auch in Worte zu fassen als auch in angemessener Weise zu vertreten.

Alt.-Technik: Rollenspiel fotografisch dokumentiert und mit passenden Sprechblasen gestalterisch ergänzen

zu Seite 24

☹

Einführung: Bei dieser Regel eignen sich ebenfalls von den Kindern selbst entwickelte Rollenspiele, um hilfreiche Verhaltensweisen verständlich zu machen.

Sozialform: Einzelarbeit

Technik: Zeichnen und freies Schreiben

Aufgabe: ☹ „Zeichne und/oder schreibe in das Heuli-Feld, wie du auf die Worte des anderen Kindes nicht eingehst."

Tipp: Mit den Schülern besprechen, welche Gefühle das Kind hat, auf dessen Worte nicht eingegangen wird.

Beispiele: **für negative Verhaltensweisen, die nicht auf Worte des anderen eingehen:**

- nicht richtig zuhören
- zum Fenster hinausschauen
- auf die Uhr sehen
- Gespräch mit unpassenden Fragen unterbrechen
- herzhaftes Gähnen
- Thematik ins Lächerliche ziehen
- Gespräch in irgendeiner Art und Weise abbrechen
- usw.

☺

Sozialform: Einzelarbeit

Technik: Zeichnen und freies Schreiben

Aufgabe: ☺ „In das Lächli-Feld zeichnest du wieder dich und/oder schreibe dazu, aber diesmal gehst du auf die Worte des anderen Kindes ein."

Beispiele: **für positive Verhaltensweisen, die auf die Aussagen des anderen eingehen[3]:**

- Rückfragen:
  „Habe ich das … so richtig verstanden?"
  „Meinst du damit, dass …?"
- aufmerksam zuhören
- Blickkontakt
- vertiefende Fragen zu der Meinung des anderen stellen:
  „Welches Spiel des VfB Stuttgart hat dir am besten gefallen und warum?"

Alt.-Technik: Rollenspiel fotografisch dokumentiert und mit passenden Sprechblasen gestalterisch ergänzen

[3]Steffen H.: Gesprächsregeln und Streitgespräche, S. 31

zu Seite 25

Streitkultur

Dieses Kapitel steht ganz im Zeichen einer gesunden Streitkultur und dient damit einer individuellen „Seelenhygiene". Ziel ist es, faires Streiten zu trainieren mit dem Bemühen, den Streitpartner zu verstehen.

… UND ZEIGE DIR MEINE KALTE SCHULTER!

Einführung: Jeder Schüler demonstriert der Klasse kurz seine „kalte Schulter“[4].

Sozialform: Einzelarbeit

Technik: Zeichnen und freies Schreiben

Aufgabe: „Zeichne und/oder schreibe, wie du cool bleibst und einem Kind, das dich ärgert, die ‚kalte Schulter' zeigst. Achte wie immer darauf, das Blatt ganz auszufüllen.“

Hinweis: An dieser Stelle ist der Begriff „Provozieren“ zu klären.

Tipps: Mit der Klasse Tipps zusammentragen, die einem Kind helfen können, Ruhe zu bewahren wie z. B. „Zeigst du deine ‚kalte Schulter', weil dich ein Kind ärgert, hole tief Luft und zähle in Gedanken langsam auf 10, um ruhig zu bleiben."

Training der Körperwahrnehmung hilft im Falle einer Auseinandersetzung – wer einen (wörtlichen und sprichwörtlichen) guten Stand hat, fühlt sich stärker und lässt sich nicht so leicht provozieren. Übung: „Stehe mit beiden Beinen fest auf dem Boden. Versuche zu stehen wie ein Baum. Deine Füße sind die Wurzeln, die Beine der Stamm und der Kopf die Baumkrone.“

Alt.-Technik: Pantomimische Darstellung fotografisch dokumentiert

Name: ESMIR Datum:

[4]Töpelmann R./Jennewein E./Schiwy M.: Gefühle zeigen – Gewalt vermeiden, S. 33

zu Seite 27

Einführung: Im Team entwickeln Schüler in wenigen Minuten Rollenspiele mit der erfolgreichen Umsetzung dieser Regel (hilfreiches Verhalten) und präsentieren diese der Klasse.
Sozialform: Einzelarbeit
Technik: Zeichnen und freies Schreiben
Aufgabe: „Zeichne und/oder schreibe, wie du cool bleibst und von einem Kind weggehst[5], das dich in eine aggressive Auseinandersetzung mit hineinziehen möchte."
Hinweise: Hier sollte der Begriff „aggressiv" erläutert werden, denn es handelt sich bei der Anwendung dieser Regel nicht um eine hilfreiche sachliche Auseinandersetzung, sondern ein Kind versucht, andere mit seinem Verhalten verbal, emotional oder physisch zu verletzen. Auch auf Signale der Körpersprache sollte eingegangen werden wie z. B.: Woran kann man erkennen, dass es dem anderen nur darum geht, einen zu provozieren.
Alt.-Technik: Pantomimische Darstellung fotografisch dokumentiert

Name: TOM Datum:

[5]Töpelmann R./Jennewein E./Schiwy M.: Gefühle zeigen – Gewalt vermeiden, S. 37

zu Seite 28

Einführung: Im Team entwickeln Schüler in wenigen Minuten Rollenspiele mit der erfolgreichen Umsetzung dieser Regel (hilfreiches Verhalten) und präsentieren diese der Klasse.
Sozialform: Partnerarbeit
Technik: Pantomimische Darstellung fotografisch dokumentieren.
Aufgabe: „Zeige, wie du zu einem Kind, das dich bedrängt, mutig ‚**Nein**' das möchte ich nicht!', sagst."
Hinweise: Die Schüler üben mit der Umsetzung dieser Regel, selbstbewusst Grenzen zu setzen und andererseits auch diese bei anderen anzuerkennen. Kinder, die zu Verhaltensweisen einer sogenannten „Opferrolle" neigen, benötigen die besondere Achtsamkeit und Unterstützung des Lehrers.
Tipp: Training der Körperwahrnehmung indem der Satz „Nein, das möchte ich nicht!" in verschiedenen Lautstärken, Sprecharten (Erarbeitung des Wortfelds „sagen") und Körperhaltungen gesagt wird. Mittels der Betrachtung dabei angefertigter Fotografien wird die Wirkung der Körpersprache erarbeitet.

Alternative
Sozialform: Einzelarbeit
Technik: Zeichnen und freies Schreiben
Aufgabe: „Zeichne und/oder schreibe, wie du zu einem Kind, das dich bedrängt, mutig ‚**Nein**' das möchte ich nicht!', sagst."

zu Seite 29

… UND SAGE EINEM LEHRER BESCHEID.

Einführung: Schüler sammeln Konfliktsituationen, die sie beobachteten und in der andere die Hilfe eines Erwachsenen benötigten.

Sozialform: Einzelarbeit

Technik: Zeichnen und freies Schreiben

Aufgabe: „Zeichne und/oder schreibe, wie du dich nicht in einen heftigen Streit oder Kampf mit hineinziehen lässt, sondern einen Erwachsenen zu Hilfe holst. Achte wie immer darauf, das Blatt ganz auszufüllen."

Hinweise: „Zivilcourage" im Sinne von „sozial mutigem Handeln" zu zeigen, bedeutet andere in Sicherheit zu bringen wie z. B. in vielen der Fälle, bei denen unbeteiligte Schüler andere in einer gefährlichen Situation entdecken. Oft missdeuten Schüler das Hilfeholen bei Erwachsenen als „Petzen". Kinder können sich selbst überschätzen, indem sie eine heftige Auseinandersetzung alleine schlichten möchten. Stattdessen werden sie in den Konflikt hineingezogen und tragen evtl. zu einer Eskalation der Situation bei. Um dies zu vermeiden, sensibilisiert die Anwendung dieser Regel die Selbsteinschätzung der Schüler. Es gilt zu klären, an welchen Verhaltensweisen ein Schüler erkennen kann, dass z. B. streitende Kinder die Hilfe eines Erwachsenen benötigen. Kinder müssen einschätzen lernen, in welcher Situation sie anderen tatsächlich helfen, indem sie Erwachsenen Bescheid geben.

Mit Petzen möchte ein Schüler sich bei Lehrern oder Mitschülern in ein positiveres Licht rücken, indem man auf geringfügige Verfehlungen von anderen hinweist. Wiederholtes Petzen durch ein und denselben Schüler kann auch auf dessen mangelndes Selbstwertgefühl oder niedrige Frustrationstoleranzgrenze hinweisen.

Ein klärendes Gespräch, in dem der Unterschied zwischen „Petzen" und „den Lehrer zu Hilfe holen" durch Beispiele aufgezeigt wird, kann zu einer positiveren Unterrichtsatmosphäre in der Klasse beitragen.

Beispiele **für „Petzen":**
- ohne Vorwarnung an den anderen dem Lehrer melden, dass ein Klassenkamerad keine Hausaufgaben hat
- bei kleinsten Sticheleien sich gleich an den Lehrer wenden

für „Lehrer zur Hilfe holen":
- Schlägereien oder Mobbing u. Ä. beobachten
- für sich keinen Ausweg sehen
- ein Schüler drückt sich vor Pflichten (Klassendienste)

Alt.-Technik:
- pantomimische Darstellung fotografisch dokumentiert
- Rollenspiel fotografisch dokumentiert und mit passenden Sprechblasen gestalterisch ergänzen

zu Seite 30

DU BERICHTEST UND ICH HÖRE ZU.

Sozialform: Einzelarbeit
Technik: Zeichnen und freies Schreiben
Aufgabe: „Du hast mit einem anderen Kind eine Meinungsverschiedenheit. Zeichne, wie es dir seine Meinung erklären darf und du ihm aufmerksam zuhörst."
Alt.-Technik: Pantomimische Darstellung fotografisch dokumentiert

DU HÖRST ZU UND ICH BERICHTE.

Sozialform: Einzelarbeit
Technik: Zeichnen und freies Schreiben
Aufgabe: „Du hast mit deinem Klassenkamerad immer noch die Meinungsverschiedenheit. Aber nun zeichnest du, wie du berichtest und der andere dir aufmerksam zuhört."
Alt.-Technik: Pantomimische Darstellung fotografisch dokumentiert
Rollenspiel fotografisch dokumentiert und mit passenden Sprechblasen gestalterisch ergänzen
Hinweise: Bei Konfliktgesprächen ist es nicht nur wichtig, sich gegenseitig zuzuhören, sondern auch eine respektvolle Sprache und Körperhaltung einzutrainieren, z. B. Blickkontakt halten, nicht zu schreien u. Ä.

zu Seite 31

Einführung: Eine Konfliktsituation erarbeiten und mögliche Gefühle/Sichtweisen der zwei Parteien (z. B. abstrakt möglich Farben/Formen) darstellen lassen.
Sozialform: Einzelarbeit
Technik: Abstraktes Zeichnen
Aufgabe: „Zeichne, wie du dich in dem letzten Streit gefühlt hast. Verwende bei deiner Zeichnung nur Farben und Formen. Achte wie immer darauf, das Feld ganz auszufüllen. Wie hast du dich nach dem Streit gefühlt? Zeichne dieses Gefühl in das zweite Feld."
Hinweise: Bei dieser Regel geht es darum, dass Kinder üben, verletzte Gefühle mitzuteilen. Den gesammelten Empfindungen sollten entsprechende Farben und Formen zugeordnet werden. Wie z. B. Wut – rot (von „rotsehen"), spitze Formen (erinnern an „Zähne zeigen …"), Zacken oder bei Traurigkeit – grau/schwarz/blau (Düsterkeit und Trauer), Tropfenformen (Tränen) usw.
Tipp: Schüler trainieren ihre Gefühle, in „Ich-Botschaften" auszudrücken.
Beispiele: **für Gefühle bei Konflikten:**
Wut, Angst, Traurigkeit …
Alt.-Techniken: Pantomimische Darstellung fotografisch dokumentiert; Zeichnen und freies Schreiben
Tipps: Pantomimisches Ratespiel: „Welches Gefühl wird vorgespielt?"

zu Seite 32

Sozialform: Einzelarbeit
Technik: Zeichnen und freies Schreiben
Aufgabe: „Du hast auf dem vorherigen Arbeitsblatt deine Gefühle in einem Streit ausgedrückt. Überlege dir, was du nun in dieser Auseinandersetzung von deinem Streitpartner erwartest. Zeichne dich (auf der Seite des Mundes), wie du ihm mitteilst, was du von ihm möchtest und wie dein Streitpartner (auf der Seite des Ohres) zuhört."
Hinweise: Es kann an den bereits ausgewählten Konflikt des vorherigen Arbeitsblattes angeknüpft werden. Für das Mitteilen von Erwartungen können Kinder als Hilfe eine Art Sprechformel eintrainieren: „Ich möchte nicht, dass du …!"
Alt.-Technik: Pantomimische Darstellung fotografisch dokumentiert

Sozialform: Einzelarbeit
Technik: Zeichnen und Schreiben
Aufgabe: „Befrage deinen Streitpartner, was er von dir erwartet. Zeichne dich (auf die Seite des Ohres), wie du ihm zuhörst. Dann zeichnest du das andere Kind (auf die Seite des ‚Mundes'), wie es dir nun mitteilt, was es von dir möchte."
Hinweis: Viele Kinder neigen dazu, Verletzungen in sich „hineinzufressen", anstatt diese dem Verursacher selbstbewusst mitzuteilen. Bekannterweise trägt solch ein Verhalten zur psychischen Belastung eines Schülers bei. Schülern sollte klar sein, dass sie stets ihre Bedürfnisse in angemessenen Ich-Botschaften ausdrücken dürfen und sogar müssen, um Grenzen zum Schutz ihres persönlichen Empfindens aufzustellen.

zu Seite 33

Sozialform: Partner- und Einzelarbeit

Technik: Zeichnen und freies Schreiben

Aufgabe: „Finde mit deinem Streitpartner eine Vereinbarung, um den Streit zu beenden. Schreibe oder zeichne diese Vereinbarung auf. Unterschreibt beide eure Abmachung. Wenn du möchtest, zeichne ihn und dich dazu.“

Hinweis: Vereinbarungen oder Kompromisse müssen situationsbezogen, umsetzbar und verständlich sein.

Alt.-Technik: Pantomimische Darstellung fotografisch dokumentiert, wie z. B. die Kontrahenten zufrieden ihre Hände schütteln und die Vereinbarung im Hintergrund an der Tafel steht

zu Seite 34

Sozialform: Einzelarbeit
Technik: Zeichnen und freies Schreiben
Aufgabe: „Zeichne, wie du eine ehrliche Entschuldigung annimmst. Achte wie immer darauf, das Blatt ganz auszufüllen."
Hinweise: Jeder macht zwischenmenschlich irgendwann einmal etwas falsch. Daher gerät ebenfalls jeder in die Situation, dass er sich entschuldigen sollte. Beruht eine Entschuldigung auf ehrlichem Bedauern, ist man somit für seinen inneren Frieden darauf angewiesen, dass die Entschuldigung angenommen wird. Aus Gründen der Fairness sollten daher aufrichtige Entschuldigungen angenommen werden. Gerade bei Kindern ist es leicht zu erkennen, ob Entschuldigungen ehrlich gemeint sind oder nicht.
Fazit: Da jeder Fehler macht, ist auch jeder auf das Annehmen einer ehrlich gemeinten Entschuldigung angewiesen. Daher sollte es selbstverständlich sein, echte Entschuldigungen anzunehmen. Versöhnlich zu sein, bewahrt Kinder davor, negative Erlebnisse festzuhalten und die dazu gehörenden Emotionen belastend im Gedächtnis anzusammeln.

zu Seite 35

Umgangsformen

Gutes Benehmen ist eine der entscheidenden Verhaltensweisen, die zu Erfolg führen. Deshalb ist dieses Kapitel ganz den guten Umgangsformen gewidmet – nach dem Motto: „Benimm ist wieder in!"

☺ ... **TUT ES MIR LEID UND ICH ENTSCHULDIGE MICH!**

Einführung: Im Team entwickeln Schüler in wenigen Minuten Rollenspiele mit der erfolgreichen Umsetzung dieser Regel (hilfreiches Verhalten) und präsentieren diese der Klasse.

Sozialform: Einzelarbeit

Technik: Zeichnen und freies Schreiben

Aufgabe: „Du hast einem Kind aus Versehen weh getan und das tut dir leid. Zeichne und/oder schreibe, wie du dich bei diesem Kind entschuldigst."

Alt.-Techniken: Pantomimische Darstellung fotografisch dokumentiert; Bildergeschichte – Comic
Rollenspiel fotografisch dokumentiert und mit passenden Sprechblasen gestalterisch ergänzen
Klasse 3/4 im Fach Deutsch/Aufsatzerziehung – einen Entschuldigungsbrief verfassen

☺ ... **IN SCHLIMMEN FÄLLEN: ICH MACHE ES WIEDER GUT!**

Sozialform: Einzelarbeit

Technik: Zeichnen und freies Schreiben

Aufgabe: „Du hast einem Kind sehr weh getan. Nach deiner Entschuldigung leistest du eine entsprechende Wiedergutmachung. Zeichne und/oder schreibe, was du als Wiedergutmachung nach deiner Entschuldigung machen kannst."

Hinweise: Kindern sollte deutlich werden, dass Wiedergutmachungen, wenn möglich, in direktem Zusammenhang mit dem angerichteten „Schaden" stehen. In jedem Falle ist stets ein Entschuldigungsbrief (oder -bild) wirkungsvoll, der zeigt, dass es einem ehrlich leid tut und zudem darstellt, wie man sich in Zukunft richtig verhalten wird.

Beispiele: Als eine Wiedergutmachung kann das Tragen des Schulranzens, das Hochstellen des Stuhls oder die Übernahme eines Klassendienstes für den Geschädigten gelten.

Tipp: Von den Schülern gestaltetes Plakat mit Vorschlägen für Wiedergutmachungen im Klassenzimmer aufhängen.

Alt.-Technik: Pantomimische Darstellung fotografisch dokumentiert

zu Seite 37

☺ ICH SAGE KEINE BELEIDIGUNGEN ODER AUSDRÜCKE.

Sozialform: Einzelarbeit
Technik: Zeichnen und freies Schreiben
Aufgabe: „Zeichne dich in einer Situation, in der du am liebsten jemanden beleidigen würdest. Aber du hältst dich an die Regel und sagst kein schlechtes Wort. Schreibe auch dazu."
Hinweise: Der Begriff „Höflichkeit" sollte erklärt werden.
Ziel dieser Regel ist die verbale Selbstbeherrschung. Es ist darauf zu achten, dass die Arbeit an dieser Regel nicht zu mündlichen Entgleisungen führt. Für die Erarbeitung kann man, stellvertretend für alle Schimpfwörter, ein mildes und witziges „Schimpfwort" auswählen. Vielleicht sogar eines aus dem Wortschatz des vorherrschenden Dialekts wie z. B. im Süddeutschen Raum „Muffel" (siehe auch Foto Kap. 3.4 Tipps für Freiräume).

☺ ICH FRAGE MIT „BITTE".

Sozialform: Einzelarbeit
Technik: Zeichnen und freies Schreiben
Aufgabe: „Zeichne dich in einer Situation, in der du jemanden um etwas bittest und dem du entsprechend höflich ‚Bitte' sagst. Schreibe auch dazu."

☺ ICH ANTWORTE MIT „DANKE".

Sozialform: Einzelarbeit
Technik: Zeichnen und freies Schreiben
Aufgabe: „Zeichne und schreibe, wie du das Erbetene erhältst und dich dafür bedankst."
Alt.-Technik: Pantomimische Darstellung fotografisch dokumentiert
Rollenspiel fotografisch dokumentiert und mit passenden Sprechblasen gestalterisch ergänzen
Tipp: Körpersprache kann anhand der Fotos gedeutet werden.

zu Seite 38

☺ … BEI EINEM VORTRAG!

Sozialform: Einzelarbeit
Technik: Zeichnen und freies Schreiben
Aufgabe: „Zeichne und/oder schreibe, wie du bei einem Vortrag deiner Wahl still und aufmerksam zuhörst."
Hinweise: Diese Regel soll das Bewusstsein fördern, dass bei einem eigenen Vortrag Ruhe erforderlich ist. Daher ist es selbstverständlich, bei dem Vortrag eines anderen ebenfalls still und aufmerksam zu sein.
Ausführlich müsste die Regel lauten: „Ich bin still und höre bei einem Vortrag/einer Vorführung zu."
Alternative: Evtl. Fotos hinzufügen, um beide Seiten bzw. den Rollenwechsel zu verdeutlichen
Sozialform: Einzel- oder Partnerarbeit
Technik: Fotografie des Kindes z. B. bei einer Präsentation, einem Referat oder Gedichtvortrag anfertigen und zu der Zeichnung einkleben

☺ … BEI EINER VORFÜHRUNG!

Sozialform: Einzelarbeit
Technik: Zeichnen und freies Schreiben
Aufgabe: „Zeichne und/oder schreibe, wie du bei einer Vorführung (Musik, Theater, Tanz usw.) deiner Wahl still und aufmerksam zusiehst/zuhörst."
Tipp: Bei Festen und Feiern in der Klassen- oder Schulgemeinschaft kehrt gelegentlich Unruhe ein. Um erneut die Aufmerksamkeit aller Schüler zu erhalten, kann der Moderator (als eine Art Klatsch- und Sprechspiel) einen Rhythmus vorklatschen und dazu gleichzeitig Rhythmussilben im 4/4-Takt vorsprechen z. B. „ta – ta – titi – ta" (ta – Viertelnote, ti – Achtelnote[6]) und alle müssen dies nachklatschen und -sprechen.
Alternative: Ebenfalls evtl. Fotos hinzufügen, um beide Seiten bzw. den Rollenwechsel zu verdeutlichen
Sozialform: Einzel- oder Partnerarbeit
Technik: Fotografie des Kindes bei einer Vorführung (Musik, Theater, Tanz usw.)
An dieser Stelle wäre auch ein Foto z. B. einer Klassenaufführung bei einer Schulfeier sinnvoll.

[6] Vgl. Bartnitzky H., Bunk H.-D. : Kunterbunt Mensch, Natur und Kultur; Ausgabe Baden-Württemberg Arbeitsheft 1, S. 65/Druckvorlage S. 37

zu Seite 39

Sozialform: Einzelarbeit

Technik: Zeichnen und freies Schreiben

Aufgabe: „Zeichne und/oder schreibe, wie du pünktlich vor der Schule stehst oder wie du pünktlich auf den Beginn des Unterrichts wartest. Achte wie immer darauf, das Blatt ganz auszufüllen."

Hinweise: Im Klassenverband die Bedeutung von „Pünktlichsein" besprechen. Bei der Erziehung zur Pünktlichkeit stehen Eltern in der Verantwortung. Pünktlichkeit sollte vom ersten Schultag an selbstverständlich sein.

Alt.-Technik: Pantomimische Darstellung fotografisch dokumentiert

Name: ESMIR Datum:

zu Seite 40

KINDER

Sozialform: Einzelarbeit
Technik: Zeichnen und freies Schreiben
Aufgabe: „Zeichne in ein Feld, wie du einen Klassenkameraden deiner Wahl begrüßt. Zeichne in das andere Feld, wie du einen Erwachsenen höflich auf dem Schulgelände begrüßt. Schreibe auch dazu."
Alt.-Techniken: Fotografie eines Begrüßungsrituals oder pantomimische Darstellung fotografisch dokumentiert
Hinweis: Im Klassenverband unterschiedliche Begrüßungsarten (Erwachsene werden anders als Klassenkameraden begrüßt) vorstellen und im Rollenspiel die Wirkung von Körpersprache (freundlich, distanziert oder zu nahe, fester/schwacher Händedruck, un/höflich usw.) erproben lassen. Beispiele: „Hallo" oder „Guten Tag" sagen. Einem anderen die Hand geben. Jemandem nett oder kumpelhaft auf die Schulter klopfen.
Tipps: Begrüßungsrituale wie z. B. zu Beginn des Schultages mit musikalischer Untermalung jedem die Hand geben (nicht zu fest oder zu schwach), sich in die Augen sehen und sich persönlich mit einem „Guten Morgen ..." (Name einfügen) usw. begrüßen (laut und deutlich).

ERWACHSENE

Name: Kim Datum:

zu Seite 41

☹

Sozialform: Einzelarbeit
Technik: Zeichnen und freies Schreiben
Aufgabe: „Zeichne und/oder schreibe, wie du während des Unterrichts isst und trinkst. Zeige in deinem Bild auch, wie du damit dich selbst und deine Mitschüler bei der Arbeit beeinträchtigst."
Hinweis: Viele Schulen haben sich mittlerweile der Initiative „Trinken im Unterricht" angeschlossen. Dabei geht es um die Erhöhung der Konzentrations- und Leistungsfähigkeit, da viele Kinder zu wenig trinken. Man muss also grundsätzlich zwischen dem Konsum von Mineral- und Leitungswasser und den anderen Getränken und Essen unterscheiden.
Spätestens bei dieser Regel ist der Begriff „Manieren" im Klassenverband zu klären. Evtl. sollte auch auf gepflegte Essensmanieren hingewiesen werden wie z. B. mit geschlossenem Mund kauen, Schmatzen vermeiden usw.
Alt.-Techniken: Pantomimische Darstellungen fotografisch dokumentiert; Bildergeschichte – Comic

☺ **IN DER PAUSE ESSE UND TRINKE ICH.**

Tipp: Zu dem Thema Pausenbrot ist es zu empfehlen, eine gesunde Ernährung in den Mittelpunkt zu stellen. Die Einteilung von Nahrungsmitteln in „Fit-" und „Schlappmacher" unterstützt Kinder beim Erlernen erfolgversprechender Handlungsweisen. Ein Fitmacher-Pausenbrot kann aus Obst, Gemüse, Milchprodukten, Vollkornpodukten usw. in Kombination mit Tee, Wasser oder Fruchtsaftschorle bestehen. „Schlappmacher" dagegen sind Süßigkeiten, Limonade usw.
Sozialform: Einzelarbeit
Technik: Zeichnen und freies Schreiben
Aufgabe: „Zeichne und/oder schreibe, wie du in der Pause Fitmacher isst und trinkst. Zeige in deinem Bild auch gute Essmanieren."
Tipp: Vorbereitung: Prospektmaterial sammeln und Collage aus Werbung mit gesunden (Fitmachern) und ungesunden (Schlappmachern) Nahrungsmitteln anfertigen
Alt.-Techniken: Pantomimische Darstellung fotografisch dokumentiert; Bildergeschichte – Comic

zu Seite 42

☹

Sozialform: Einzelarbeit
Technik: Zeichnen und freies Schreiben
Aufgabe: „Zeichne und/oder schreibe, was passiert, wenn sich keiner an die Regel ‚Ich räume den Abfall in den Mülleimer.' hält."
Alt.-Techniken: Pantomimische Darstellung fotografisch dokumentiert; Bildergeschichte – Comic

☺

Sozialform: Einzelarbeit
Technik: Zeichnen und freies Schreiben
Aufgabe: „Zeichne und/oder schreibe, wie du dich an die Regel ‚Abfall gehört in den Mülleimer.' hältst und wie es sauber aussieht."
Hinweis: Entsprechend den Gegebenheiten vor Ort die Kriterien der Mülltrennung erarbeiten
Alt.-Techniken: Pantomimische Darstellung fotografisch dokumentiert; Bildergeschichte – Comic

zu Seite 43

☹

Sozialform: Einzelarbeit
Technik: Zeichnen und freies Schreiben
Aufgabe: „Zeichne verschmutzte Schultoiletten, die du nicht benutzen möchtest. Stelle auch deinen Ekel dar.“
Hinweise: Schüler wissen i. d. R. genau, dass Darstellungen von Obszönitäten zu unterlassen sind.

☺

Sozialform: Einzelarbeit
Technik: Zeichnen und freies Schreiben
Aufgabe: „Zeichne und/oder schreibe schöne saubere Schultoiletten und wie du dich darüber freust.“
Hinweise: Zum einen ist die Toilette sauber zu halten. Zum anderen sollten Schüler daran erinnert werden, sich nach dem Toilettengang die Hände zu waschen.
Je nach Handhabung der Schule wird die Klasse darüber informiert, dass Schüler, die Toilettenverschmutzer entdecken, dies einem Lehrer mitteilen.
Alt.-Techniken: Künstlerische Gestaltungsweise in Anlehnung an die Werbung
Pantomimische Darstellung fotografisch dokumentiert

zu Seite 44

☹

Z. B. Je nach
Schulordnung: Kappe, Kaugummi, Handy elektronische Geräte
Vorbereitung: Prospektmaterial und Kaugummiverpackungen sammeln
Sozialform: Einzelarbeit
Technik: Collage aus Prospektausschnitten und Kaugummiverpackungen
Aufgabe: „Klebe einen Prospektausschnitt mit Gegenständen auf, die im Unterricht stören bzw. nicht erlaubt sind. Schreibe dazu."
Alt.-Techniken: Zeichnen; Pantomimische Darstellung fotografisch dokumentiert
Unterrichtsbeispiel: Kaugummi kauen kann zwar die Konzentration fördern, aber dennoch ist es Schülern aus Gründen der Ästhetik, störender Geräusche und des Säuberungsaufwandes verboten.
Tipp: Als Hausaufgabe dürfen die Schüler ausnahmsweise ihren Lieblingskaugummi mitbringen. Die Klasse soll auf Kommando zur gleichen Zeit Kaugummi kauen. Sie haben die Aufgabe, genau zu beobachten. Nachdem diese Beobachtungen ausgetauscht wurden, ist festzustellen, aus welchen Gründen Kaugummi im Unterricht nicht erlaubt ist (z. B. lautes Schmatzen).
Nun kann man Schüler auch ausprobieren lassen, was passiert, wenn der eigene zerkaute Kaugummi zwischen zwei Bierdeckeln klebt und wie schwierig bzw. abstoßend es ist, ihn wieder zu entfernen und zu entsorgen.
Im Anschluss daran ist es ein Leichtes, auf den Ekel anderer hinzuweisen, die benutzte Kaugummis entfernen müssen. Unter Umständen kann das Kauen von Kaugummi sogar gefährlich sein (Hinweis – Sportunterricht).

☺

Sozialform: Einzelarbeit
Technik: Zeichnen und freies Schreiben
Aufgabe: „Zeichne dich, wie du im Unterricht aufmerksam bist, und zwar ohne Kappe, Handy, Kaugummi oder andere störende Geräte."
Hinweis: Je nach Schulordnung ist es Kindern nicht erlaubt, bestimmte Dinge in den Unterricht mitzubringen. Die aufgeführten Gegenstände sind nur Beispiele.
Alt.-Techniken: Pantomimische Darstellung fotografisch dokumentiert

zu Seite 45

Arbeitsregeln

Die Inhalte dieses Kapitels bilden sowohl die Basis für einen geregelten Unterrichtsablauf als auch für eine konzentrierte Arbeitsatmosphäre. Unterricht und Lernen sind ein kostbares Privileg. Jeder Schüler hat das Recht auf Unterricht und es ist die Aufgabe des Lehrers, diesen Wert zu wahren. Im Folgenden sind entscheidende Regeln für eine konzentrierte und angenehme Arbeitsatmosphäre aufgeführt. In der Schule vollzieht sich Arbeiten und Lernen immer in einer Gruppe. Daher ist der Einsatz von erzieherischen Maßnehmen gegenüber störenden Verhaltensweisen unerlässlich.

Sozialform: Einzelarbeit
Technik: Zeichnen und freies Schreiben
Aufgabe: „Zeichne, wie du dich im Unterricht leise meldest und geduldig wartest, bis du aufgerufen wirst."
Evtl. als Ergänzung: „Versuche das Umfeld im Klassenzimmer deutlich erkennbar darzustellen."
Hinweise: Sind Schüler bereits mit der Darstellungsweise des Leitfadens vertraut, benötigen sie keine weiteren Arbeitsanweisungen mehr. So gehen sie selbstständiger und kreativer an die Gestaltung der Seite heran.
Alt.-Techniken: Fotografie; pantomimische Darstellung fotografisch dokumentiert
Bei älteren Schülern bietet sich eine Fantasiegeschichte nach dem Motto „Die vergessene Regel ‚Ich melde mich und warte'", „Eine Klasse versinkt im lauten Chaos …" oder „Der laute Schultag …" an.
Tipp: Gerade diese Regel lässt sich effektiv mit dem vorgestellten Token-System des positiven Verstärkens eintrainieren.

zu Seite 47

Sozialform: Einzelarbeit

Technik: Zeichnen und freies Schreiben

Aufgabe: „Zeichne, wie du im Unterricht aufmerksam und leise bist. Achte wie immer darauf, das Blatt ganz auszufüllen."

Evtl. als Ergänzung: „Zeige auch die Folgen, die aus diesem Verhalten für dich und unsere Klasse entstehen."

Hinweise: Sind die Schüler bereits mit der Darstellungsweise des Leitfadens vertraut, benötigen sie keine Arbeitsanweisung mehr.
Mit der Klasse sollten die Folgen von ruhigem und aufmerksamem Verhalten zusammengetragen werden.
Die Schüler benötigen immer wieder die Anmerkung des Lehrers, Personen groß darzustellen und das ganze Blatt farblich zu gestalten (plakativere Wirkung).

Tipps: Folgendes Vorbereitungsritual, das Schüler vor Unterrichtsbeginn selbstständig durchführen, ermöglicht einen direkten Einstieg in eine konzentrierte Arbeitsatmosphäre wie z. B.

1. „Material bereit." (⇨ Mäppchen, Heft, Buch, Hausaufgabe usw. ordentlich auf den Tisch legen.)
2. „Schultasche zu und an ihren Platz." (⇨ Schultasche schließen und an ihren Platz stellen oder hängen. Damit ist der Inhalt der Tasche geschützt, es werden Stolperfallen vermieden und Raum gewonnen.)
3. „Ich sitze aufmerksam und leise an meinem Tisch." (⇨ Ich signalisiere so meinem Lehrer, dass ich für den Unterricht bereit bin.)

Um mit einer Klasse leises Verhalten zu trainieren, besteht auch die Möglichkeit eine elektronische „Lärm-Ampel" im Unterricht einzusetzen.
Schülern, denen diese Regel schwer fällt, können sich ein persönliches Ruheschild anfertigen und dies an ihrem Platz befestigen, damit es sie an diese hilfreiche Regel erinnert.

Alt.-Techniken: Fotografie; pantomimische Darstellung fotografisch dokumentiert

zu Seite 48

☹

Sozialform: Einzelarbeit
Technik: Zeichnen und freies Schreiben
Aufgabe: „Zeichne und/oder schreibe in das ☹-Feld, wie du im Unterricht z. B. einfach umhergehst und zeige auch, wie Unruhe entsteht und du dadurch Mitschüler vom Lernen ablenkst."
„Zeichne und/oder schreibe in das ☺-Feld, wie du konzentriert im Unterricht an deinem Arbeitsplatz lernst und du selbst als auch deine Klassenkameraden in Ruhe arbeiten können."
Evtl. als Ergänzung: „Versuche deinen Arbeitsplatz so darzustellen, dass man diesen erkennt."
Alt.-Techniken: Fotografie; pantomimische Darstellung fotografisch dokumentiert

☺ **…, UM NICHT ZU STÖREN!**

zu Seite 49

BEI EINZELARBEITEN BIN ICH STILL.

Sozialform: Einzelarbeit
Technik: Zeichnen und freies Schreiben
Aufgabe: „Zeichne und/oder schreibe, wie du in deiner Klasse eine Einzelarbeit still ausübst. Zeige auch die Vorteile deines konzentrierten Arbeitens."
Evtl. als Erinnerung: „Versuche deinen Arbeitsplatz so darzustellen, dass man ihn gut erkennt."
Hinweis: Die Begriffe „konzentriert" und „sorgfältig" sollten der Klasse erklärt werden.
Tipps: Piktogramme für Einzelarbeit und damit stilles Arbeiten (Bild/Foto mit einem Schüler, der ein Stillezeichen zeigt) oder Partnerarbeit in Kombination mit Flüstern (Bild/Foto mit zwei Schülern, von denen einer dem anderen ins Ohr flüstert) sind im Unterricht wichtige Orientierungshilfen für die Klasse.
Folgende Praktiken sind besonders bei offenen Unterrichtsformen zu empfehlen: Geräuschsensible Kinder können bei der Einzelarbeit von einem Kapselgehörschutz (einer besonderen Art Kopfhörer, die einerseits Lärm eindämmen, aber Sprache nicht völlig ausblenden) unterstützt werden. Zusätzlich signalisiert dieser auffallende Gehörschutz den anderen „Ich möchte in Ruhe arbeiten!". Eine ähnliche Signalwirkung kann ein selbst angefertigtes „Bitte nicht stören!"-Schild erreichen.
Alt.-Techniken: Fotografie; pantomimische Darstellung fotografisch dokumentiert

BEI PARTNERARBEIT FLÜSTERE ICH.

Sozialform: Einzelarbeit
Technik: Zeichnen und freies Schreiben
Aufgabe: „Zeichne und/oder schreibe, wie du flüsternd mit deinem Partner arbeitest. Zeige auch die Vorteile eurer konzentrierten Arbeit."
Hinweise: Das Flüstern z. B. als kleine Schrift oder kleine Sprechblasen darstellen. Haben Kinder eigene Ideen, ist das natürlich am besten.
Tipp: Auch Flüstern will gelernt sein. Daher sind Spiele wie z. B. „Die Flüsterpost" wichtiges Flüstertraining.
Alt.-Techniken: Fotografie; pantomimische Darstellung fotografisch dokumentiert

zu Seite 50

☹

Einführung: In der Klasse sollte vereinbart werden, welche Möglichkeiten schnell arbeitenden Schülern für eine weitere Beschäftigung zur Verfügung stehen.
Sozialform: Einzelarbeit
Technik: Zeichnen und freies Schreiben
Aufgabe: „Zeichne dich nach beendeter Arbeit mit Verhaltensweisen (Umhergehen, Reden usw.), die andere stören. Schreibe auch dazu."
Alt.-Techniken: Fotografie; pantomimische Darstellung fotografisch dokumentiert

☺

Sozialform: Einzelarbeit
Technik: Zeichnen und freies Schreiben
Aufgabe: „Zeichne dich bei leisen Beschäftigungen nach einer beendeten Arbeit. Schreibe auch dazu."
Alt.-Techniken: Fotografie; pantomimische Darstellung fotografisch dokumentiert
Sinnvolle Beschäftigungsmöglichkeiten:

- Schmökern in der Klassenbibliothek
- Freies Schreiben (z. B. Geschichtenbuch führen, Briefe – Klassenbriefkasten)
- Malen
- Hefte verschönern
- Lehrer stellt ein Arbeitsblätterangebot zur Verfügung (z. B. Knobelaufgaben), Kneten (dazu sollten Schüler eigene Knetmasse und eine Unterlage besitzen)
- an anderen unvollständigen Aufgaben weiterarbeiten
- usw.

zu Seite 51

☺ … DIESE SACHEN:

Einführung: Information über alle Gegenstände, die Schüler täglich für den Unterricht benötigen Hilfreich ist an dieser Stelle auch ein Plakat und/oder Liste mit den erforderlichen Materialien.

Sozialform: Einzelarbeit

Technik: Zeichnen und freies Schreiben

Aufgabe: „Zeichne und/oder schreibe alle Gegenstände auf, die du täglich im Unterricht benötigst."

Hinweise: Spätestens zu Beginn eines Schuljahres erhalten Schüler eine Liste, in der alle für die Schule benötigten Utensilien aufgeführt sind. Davon sollte so viel wie möglich in der Schule aufbewahrt werden, um die Schultasche eines Kindes nicht zu beschweren. Die Schüler sollten auch auf die Vorteile der Einhaltung dieser Regel hingewiesen werden, aber auch genauso mit den negativen Folgen des wiederholten Vergessens von Material oder den Sportsachen konfrontiert werden.

Tipps: Konzentrationsspiel „Ich packe meinen Schulranzen" gleich dem Spiel „Ich packe meinen Koffer" für Gruppen: Interessanter wird das Spiel, wird zu jedem Gegenstand eine passende pantomimische Bewegung hinzugefügt.
Seh-Kimspiel (Wahrnehmungs- und Gedächtnistraining), (Partner- oder Gruppenarbeit): Alle erforderlichen Gegenstände werden auf einen Tisch gelegt. Die Spieler sehen es sich 2 – 3 Minuten an und prägen sie sich ein. Dann werden die Gegenstände abgedeckt und es wird versucht, so viele wie möglich aus dem Gedächtnis aufzuzählen oder aufzuschreiben.

☺ … MEINE HAUSAUFGABEN.

Aufgabe: „Du brauchst täglich deine Hausaufgaben. Gestalte dazu dieses Feld."

Hinweise: Kinder sollten selbst Vorschläge für die Gestaltung entwickeln, wie z. B. eine alte Seite des Hausaufgabenhefts einkleben, ein Bild dazu zeichnen usw.
Für ältere Schüler kann die Regel, durch die Veranschaulichung positiver Folgen z. B. auf die Einübung von Selbstständigkeit, Selbsteinschätzung, Verlässlichkeit und regelmäßigem Arbeiten, einsichtig gemacht werden.

Alt.-Techniken: Fotografie; pantomimische Darstellung fotografisch dokumentiert

zu Seite 52

☹

Sozialform: Einzelarbeit
Technik: Zeichnen und freies Schreiben
Aufgabe: „Stell' dir vor, du heftest deine Arbeitsblätter nicht in den entsprechenden Ordnern ab. Zeichne und/oder schreibe die Folgen davon auf."
Alt.-Techniken: Fotografie – Stillleben
Tipp: Zu Beginn des Schuljahres stellen sich Schüler mithilfe des Lehrers gegenseitig Ordnungsstrukturen und Tipps zum Packen des Ranzens vor, z. B. große und schwere Dinge nahe zum Rücken hin zu packen. Sowohl angekündigte als auch überraschende Besichtigungen oder Gewichtsüberprüfungen der Schultasche sollten immer wieder durchgeführt werden.

☺ **… UND HEFTE BLÄTTER AB!**

Sozialform: Einzelarbeit
Technik: Zeichnen
Aufgabe: „Zeichne dazu ein passendes Bild."
Alt.-Techniken: Fotografie – Stillleben

☺ **… IN DER SCHULTASCHE!**

Sozialform: Einzelarbeit
Technik: Zeichnen
Aufgabe: „Zeichne dazu ein passendes Bild."
Hinweis: Schüler sollen nicht nur mit ihren eigenen Materialien sorgsam umgehen, sondern eben auch mit allen Gegenständen des täglichen Gebrauchs.
Tipp Kl.3/4: Verschiedene Perspektiven erproben wie z. B. eine offene Schultasche aus der Vogelperspektive zu zeichnen
Alt.-Techniken: Fotografie – Stillleben

zu Seite 53

☹

Sozialform: Einzelarbeit
Technik: Zeichnen und freies Schreiben
Aufgabe: „Zeichne in das Heuli- und Lächli-Feld zu dieser Regel ein passendes Bild."
Hinweise: Kinder benötigen immer wieder die Anregung, eigene Bilder zu entwickeln und zu gestalten. Ebenfalls ist an dieser Stelle wichtig, auf die Vorteile eines ordentlichen Arbeitsplatzes für das Lernen und die Konzentration einzugehen.
Alt.-Techniken: Fotografie; pantomimische Darstellung fotografisch dokumentiert

☺

zu Seite 54

☹

Sozialform: Einzelarbeit
Technik: Zeichnen und freies Schreiben
Aufgabe: „Zeichne in das Heuli- und Lächli-Feld zu dieser Regel ein passendes Bild und schreibe dazu."
Hinweis: Es sollte gemeinsam anschaulich dargestellt werden, welche Folgen bei Nichteinhaltung dieser Regel für jeden entstehen, dass z. B. Spiele unvollständig sind, wichtige Dinge verloren gehen und von der Klassenkasse ersetzt werden müssen usw.
Alt.-Techniken: Fotografie; pantomimische Darstellung fotografisch dokumentiert
Hinweis: Genauso wichtig ist es, die Vorteile bei Einhaltung dieser Regel gemeinsam festzuhalten wie z. B. ein schönes Klassenzimmer, alles schnell zur Hand haben usw.

☺

zu Seite 55

Sicherheit

Das große Kapitel „Sicherheit für Schüler" ist in fünf Bereiche unterteilt, die verschiedene Regeln für Verhalten aufzeigen, die Sicherheit schaffen. Sie sind entsprechend aller Handlungsräume des Schulalltags von innen nach außen hin geordnet, beginnend mit dem kleinsten und damit auch überschaubarsten Raum.

Verhaltensweisen für Sicherheit 

- im Klassenzimmer 
- im Schulhaus 
- auf dem Schulhof/Schulgelände 
- auf dem Schulweg 
- bei Ausflügen 

Ein wichtiges Lernziel steht groß und leuchtend über der Erziehung zu sicherheitsschaffendem Verhalten: **Gefahren erkennen** (ohne dabei Angst zu schüren)! Daher sollte sich die Klasse auch mit negativen Folgen, bei Nichteinhaltung der Sicherheitstipps, befassen. Diese Vorgehensweise trägt dazu bei, dass Schüler für das Erkennen und Einschätzen von Gefahren sensibilisiert werden. Vor allem aber sollten Vorteile, die durch die Einhaltung der Regeln entstehen, in den Mittelpunkt gestellt werden. Denn alle Regeln dieses Kapitels dienen dem Zweck, Kinder vor Schaden oder Verletzungen zu bewahren, Ängste abzubauen und die Grundlage für eine positive Schulatmosphäre zu bilden.

☹

Sozialform: Einzelarbeit
Technik: Zeichnen und freies Schreiben
Aufgabe: „Zeichne in das Heuli- und Lächli-Feld zu der Regel ein passendes Bild."
Alt.-Techniken: Fotografie; pantomimische Darstellung fotografisch dokumentiert

☺ **…, SAUBER UND TROCKEN!**

Die Folgen bei Nichteinhaltung dieser Regel sind Stolper-, Rutsch- und/oder Sturzgefahr.
Vorteile durch Einhaltung dieser Regel sind:
- geringe Unfallgefahr
- Sicherheit
- innere Ruhe
- Ordnung
- gute Arbeitsatmosphäre
- verantwortungsbewusstes Handeln (ermöglicht der Klassengemeinschaft Erfolgserlebnis, Stärke und Zusammenhalt)

Alt.-Techniken: Fotografie; pantomimische Darstellung fotografisch dokumentiert

zu Seite 57

☹ **VERLETZUNGSGEFAHR**

Sozialform: Einzelarbeit
Technik: Zeichnen und freies Schreiben
Aufgabe: „Zeichne in das Heuli- und Lächli-Feld zu dieser Regel ein passendes Bild."
☹-Beispiele: Durch Ballspiele oder Fangspiele verursachte Verletzungen oder Sachbeschädigungen
Hinweis: Die Klasse wird vom Lehrer deutlich informiert, dass das Werfen von Gegenständen (auch Papierfliegern) aus Sicherheitsgründen auf dem gesamten Schulgelände verboten ist.

☹ **SACHBESCHÄDIGUNG**

Hinweise: Bei der Auswahl für Spiele im Klassenzimmer sollte vorab erarbeitet werden, aus welchen Gründen diese geeignet sind. Dabei ist den Schülern bewusst zu machen, dass sich in einer Schule stets viele Kinder auf engem Raum befinden. Diese Vorgehensweise trägt dazu bei, Schüler für das Erkennen bzw. Einschätzen von Gefahren zu sensibilisieren.
Vielleicht werden durch die Erarbeitung geeigneter Spiele im Klassenzimmer manche Eltern motiviert, für die Spiele- (und Lese-) Ecke Entsprechendes zu spenden.

☺

Beispiele: Zeichenspiele (Schiffe versenken oder Stadt-Land-Fluss), Kartenspiele (Quartett, Uno, Halli-Galli), Brettspiele (das verrückte Labyrinth), Würfelspiele (Kniffel), Geschicklichkeitsspiele (Twister, Mikado) oder Lernspiele (Memory, Domino …) usw.
Alt.-Techniken: Fotografie; pantomimische Darstellung fotografisch dokumentiert

☺

Alternative Sozialform: Partner- und/oder Gruppenarbeit
Technik: Interview
Aufgabe: „Führt eine Befragung zum Thema ‚Lieblingsspiele für drinnen' durch und erstellt eine Hitparade der beliebtesten Spiele."

zu Seite 58

☺ **ICH STELLE DIE WC-AMPEL AUF ROT,**

☺ **HINTERLASSE DAS WC SAUBER UND WASCHE MEINE HÄNDE,**

Sozialform: Einzelarbeit
Technik: Zeichnen
Aufgabe: „Zeichne in jedes Lächli-Feld ein passendes Bild."
Hinweis: Zum einen ist die Toilette sauber zu halten, zum anderen sollten Schüler daran erinnert werden, sich nach dem Toilettengang die Hände zu waschen.

☺ **KOMME SCHNELL WIEDER**

Hinweise: Die sog. WC-Ampel besteht ganz einfach aus einem runden Stück Papier (z. B. foliiert) mit einer grünen Vorderseite und einer roten Rückseite. Diese Scheibe wird am besten in Nähe der Klassenzimmertür aufgehängt. Möchte ein Kind während des Unterrichts auf die Toilette, geht es leise zur Ampel, dreht diese auf Rot und verlässt das Zimmer. So ist sichergestellt, dass sich stets nur ein Kind der Klasse in den Toilettenräumen aufhält. Kommt es von der Toilette zurück, dreht es die Ampel wieder auf grün.

☺ **UND STELLE DIE WC-AMPEL AUF GRÜN.**

zu Seite 59

☹ BEISPIEL STURZ

Einleitung: Die Umsetzung folgender Regeln in diesem Unterkapitel fällt Schülern schwer und eine Einhaltung kann nur erreicht werden, wenn alle Lehrer zusammenhalten. D. h., wird ein rennendes Kind im Schulhaus von einem Lehrer erwischt, sollte dieser sich die Mühe machen und dafür Sorge tragen, dass der Schüler sofort eine (vorher im Kollegium abgesprochene) Konsequenz auf seinen Regelverstoß erfährt. Z. B. muss er auf der Stelle 10 Hampelmänner springen (der Rennvorgang wird unterbrochen und dem Bewegungsdrang Genüge getan).

☹ BEISPIEL ZUSAMMENSTOSS (KINDER, SÄULE, TÜR)

Einführung: Kinder können von Unfällen berichten und auf Gefahrenquellen wie z. B. viele Kinder, glatte/harte Böden oder Säulen hinweisen. So wird deutlich, dass die Regel „Ich renne nicht, sondern ich gehe!" nicht nur zum eigenen, sondern auch zum Schutz anderer beiträgt.

Sozialform: Einzelarbeit

Technik: Zeichnen und freies Schreiben

Aufgabe: „Zeichne und/oder schreibe auf, in welche Gefahren du dich und andere durch Rennen im Schulhaus bringen kannst."

☺ …, SONDERN ICH GEHE!

Sozialform: Einzelarbeit

Technik: Zeichnen und freies Schreiben

Aufgabe: „Zeichne in das ☺-Feld ein passendes Bild."

Name: Anastasia

Datum:

zu Seite 60

☹ **BEISPIELE:** während des Unterrichts
- lautes Rennen und Reden im Schulhaus
- eiliges ins Zimmerstürmen, obwohl dort noch Unterricht ist
- beim Hinausgehen aus dem Klassenzimmer
- Schreien im Schulhaus
- Werfen von Gegenständen (auch Papierfliegern)

☺ **… UND BIN LEISE.**

Sozialform: Einzelarbeit

Technik: Zeichnen und freies Schreiben

Aufgabe: „Zeichne und/oder schreibe in das Lächli-Feld, wie du leise durch das Schulhaus gehst und in das Heuli-Feld, wie du gegen diese Regel verstößt und damit andere störst."

Hinweise: Die Bedeutung des Begriffs „Rücksicht" sollte der Klasse nochmals erläutert werden (siehe ♡ ⚄).
Schüler sollen dafür sensibilisiert werden, dass andere Klassen konzentriert arbeiten, während sie selbst sich z. B. auf dem Weg zum Musikraum befinden.

☹ **BEISPIELE:** eiliges Drängen beim
- Hinaus- oder Hineingehen in ein Zimmer
- bei einer Schüler-„Schlange" an die Spitze drängen
- beim Schulbäcker vordrängeln (und nicht anstehen wollen)

☺ **… UND DRÄNGLE NICHT!**

Aufgabe: „Zeichne und/oder schreibe in das Heuli-Feld eine Situation, in der du drängelst und damit andere ärgerst und in das Lächli-Feld, wie du die Regel einhältst und zeigst, dass du auf andere Rücksicht nimmst."

Alt.-Techniken: Rollenspiel; Pantomime oder Fotografie

zu Seite 61

☹

Sozialform: Einzelarbeit
Technik: Zeichnen und freies Schreiben
Aufgabe: „Zeichne und/oder schreibe in das Heuli-Feld, was dir durch Unordnung im Schulhaus passieren kann und in das Lächli-Feld, wie du dich sicher im ordentlichen Schulhaus bewegen kannst."
Hinweise: Schulranzen, Taschen, Jacken oder andere Kleidungsstücke befinden sich immer wieder mitten auf einem Flur oder in der Aula. Dadurch entstehen sogenannte Stolperfallen. Um Unfälle zu vermeiden und ein angenehmes ordentliches Ambiente zu schaffen, sind Schulranzen oder Taschen immer nahe an eine Wand oder dem Wegrand abzustellen und Kleidungsstücke sollten sich an der Garderobe befinden.
Tipp: Fotodokumentation mit „Vorher-Nachher-Effekt"
Sozialform: Gruppenarbeit

☹-Feld: Besonders nachhaltigen Lerneffekt hat es hier, dass Schüler im Rahmen einer Fotodokumentation einmal Unordnung machen dürfen. D. h. nicht nur Unordnung schaffen, sondern dazu auch pantomimisch Stürze, Entsetzen und Überraschung darstellen.

☺-Feld: Ebenfalls im Foto festgehalten werden, wie Schüler z. B. zufrieden auf ihren Schultaschen, die ordentlich an der Wand stehen, sitzen. Oder sie stellen sich der Reihe nach hintereinander auf und zeigen stolz auf ihre ordentliche Garderobe.

☺

zu Seite 62

Sozialform: Einzelarbeit

Technik: Zeichnen und freies Schreiben

Aufgabe: „Zeichne und/oder schreibe auf, welche Gegenstände gefährlich und daher in der Schule verboten sind."

Hinweise: Streichhölzer, Feuerzeuge, Messer, Schleudern oder andere gefährliche Gegenstände (auch Spielzeuge) sind an der Schule nicht erlaubt – weitere Ergänzungen entsprechend der Schulordnung. Dies ist natürlich ein heikles Thema, aber gerade deshalb sollte es klar und sachlich angesprochen werden. Dabei sind Aufmerksamkeit und pädagogisches Geschick erforderlich, um die Reaktionen von Schülern diesbezüglich richtig einzuschätzen.

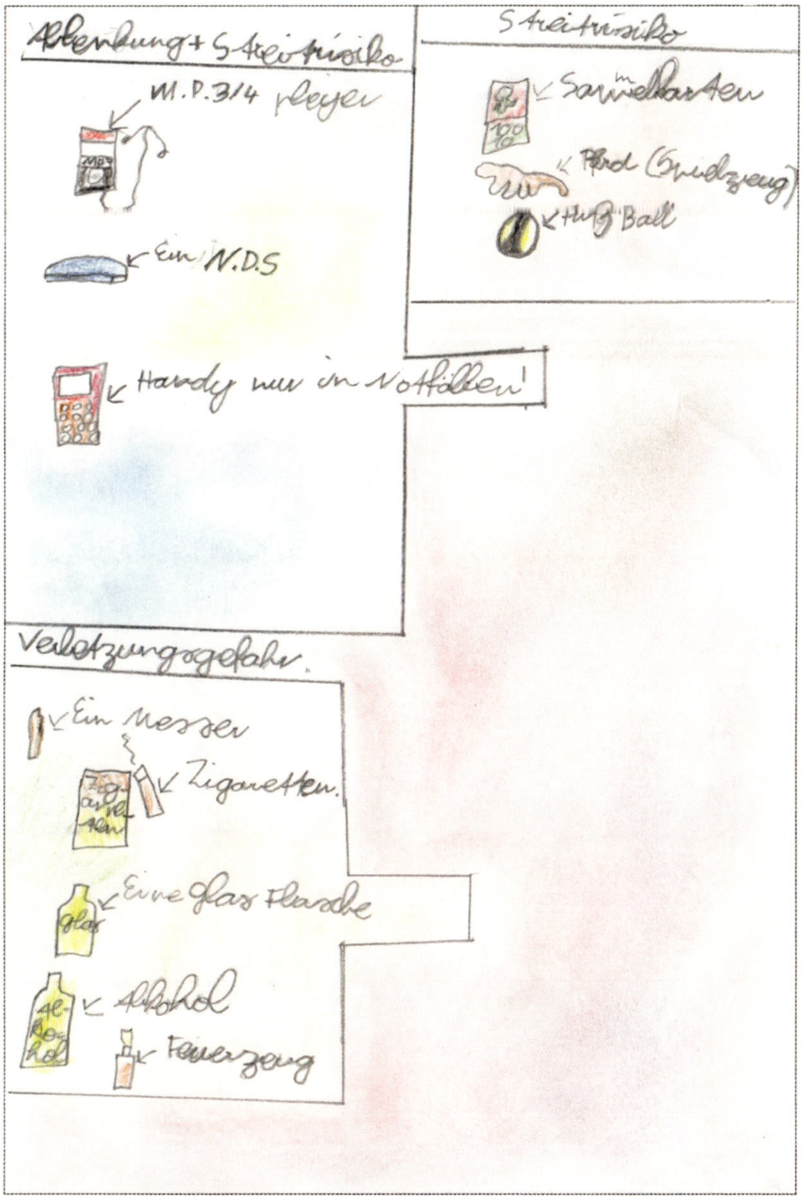

Name: LUK 4c Alter: Datum:

zu Seite 63

Einleitung: Für die großen Pausen und den Aufenthalt auf dem Schulhof sind die folgenden vier Regeln von Bedeutung.

Sozialform: Einzelarbeit

Technik: Zeichnen und freies Schreiben

Aufgabe: „Zeichne den Schulhof, seine Grenzen und wie du dich mit deinen Klassenkameraden in der großen Pause verhältst."

Hinweise: Wichtig ist es gerade für Erstklässler, zu zeigen und genau abzugehen, an welcher Stelle die Schulhofgrenzen verlaufen. Umso spannender ist es dann, welche Lösungen Schüler für die zeichnerische Darstellung des Pausenhofes finden.

Tipp: Mit der Klasse die Vogelperspektive als gestalterisches Element erarbeiten, um die Darstellung des Pausenhofes zu erleichtern.

Alt.-Techniken: Rollenspiel; Pantomime oder Fotografie

Name: Katharina Datum:

zu Seite 64

☺

Sozialform: Einzelarbeit
Technik: Zeichnen und freies Schreiben
Aufgabe: „Zeichne dich beim Spielen auf dem Schulhof in der großen Pause. Schreibe dazu."
Hinweise: Im Klassenverband werden beliebte Pausenhofspiele zusammengetragen.
Tipp: Im Fach Deutsch passt dazu im Bereich „Texte verfassen" die Erarbeitung des Themas „Spielanleitungen". Zu den Pausenhofspielen verfassen Schüler Anleitungen, die auf dieser Seite dokumentiert werden.
Alt.-Techniken: Pantomime und/oder Fotografie (Aufnahmen aus großen Pausen)

☺

Pausenhofspiele: Fangspiele wie z. B. Schatten-, Tier-, Kettenfangen usw., Gummitwist-Spiele oder Hüpfspiele (z. B. Himmel und Hölle)
Tolle Spielanleitungen sind im Internet unter folgender Adresse zu finden: www.labbe.de/zzzebra/index.asp
Geeignete Spielgeräte sollten attraktiv und ungefährlich sein (Frisbeescheiben, Seile, Pedalos, Indiacas, Softbälle, Diabolos usw.).

☺

☺

Tipp: Der Spielgeräte-Ausleih ist gut zu organisieren, indem z. B. Schüler den Klassensprechern eine persönlich gestaltete Ausleihplakette (o. Ä.), mit Namen und Klasse beschriftet, für das entliehene Spiel übergeben.

zu Seite 65

☹ ICH BETRETE NUR TROCKENE WIESEN!

Sozialform: Einzelarbeit
Technik: Zeichnen oder Schreiben
Aufgabe: „Zeichne und/oder schreibe die Folgen auf, nachdem du in der Pause nasse Wiesen betreten hast."
☹-Folgen: Dreckige Schuhe und Kleidung verursachen zum einen im Schulhaus eine große unnötige Verschmutzung und zum anderen eine erhöhte Rutsch- und Sturzgefahr.

☺ ICH BETRETE NUR TROCKENE WIESEN!

Sozialform: Einzelarbeit
Technik: Zeichnen oder Schreiben
Aufgabe: „Zeichne und/oder schreibe die Folgen auf, nachdem du in der Pause darauf geachtet hast, keine nasse Wiese zu betreten."
☺-Folgen: Saubere Schuhe und Kleidung halten das Schulhaus ebenfalls sauber und jeder kann sicher durch das Schulhaus gehen.

☹ REGENPAUSE!

Sozialform: Einzelarbeit
Technik: Zeichnen oder Schreiben
Aufgabe: „Zeichne und/oder schreibe die Folgen, hältst du die Regenpauseregeln nicht ein."
☹-Beispiele:
- nasse, kalte Kleidung
- Risiko, krank zu werden
- nasses, dreckiges Schulhaus (Unfallgefahr)

☺ REGENPAUSE!

Sozialform: Einzelarbeit
Technik: Zeichnen oder Schreiben
Aufgabe: „Zeichne und/oder schreibe dich, wie du die Regeln für unsere Regenpause einhältst."
☺-Beispiele:
- Mit der richtigen Kleidung in die Regenpause
- Bei Regen sind wir z. B. unter dem Dach des Schulhofs.

zu Seite 66

☹

Sozialform: Einzelarbeit
Technik: Zeichnen oder Schreiben
Aufgabe: „Zeichne und/oder schreibe die Gefahren, die durch das Werfen von Stöcken, Steinen, u. Ä. entstehen können."
☹-Beispiele:
- Schon kleine Steinchen oder Stöcke können als Wurfgeschosse Verletzungen verursachen.
- Selbstverständlich ist im Umgang mit Stöcken alles zu unterlassen, was evtl. eine Verletzung verursachen könnte, d. h. Fechtspiele, herumwedeln oder auch nur herumtragen (Äste werden natürlich auch nicht von Büschen oder Bäumen abgerissen!).

☺

Sozialform: Einzelarbeit
Technik: Zeichnen oder Schreiben
Aufgabe: „Zeichne und/oder schreibe, wie du dich vorbildlich an diese Regel hältst."
☺-Folgen: Keine Verletzungsgefahr für dich und andere

☹ **… UND SCHNEEBÄLLE!**

Sozialform: Einzelarbeit
Technik: Zeichnen oder Schreiben
Aufgabe: „Zeichne und/oder schreibe die Gefahren, die durch das Werfen von Schneebällen entstehen können."
☹-Beispiele:
- Kleine Steinchen oder Eiskristalle können Verletzungen verursachen.
- Ein Schneeball trifft ins Gesicht oder auf das Ohr.
- nasse, kalte Kleidung

☺ **… UND SCHNEEBÄLLE!**

Sozialform: Einzelarbeit
Technik: Zeichnen oder Schreiben
Aufgabe: „Zeichne und/oder schreibe, wie du mit Schnee spielst, ohne andere dabei zu gefährden."
☺-Beispiele:
- Schnee-Engel
- Schneemann oder Iglu bauen
- Schneekristalle entdecken

zu Seite 67

Einleitung: Da die Verkehrserziehung ein umfangreiches Thema im Alltag eines Kindes und daher auch im Lehrplan der Grundschule darstellt[8], sollte vor dem Einsatz dieses Materials ein ausführliches und intensives Training für einen sicheren Schulweg durchgeführt werden. Gerade Sonderfälle vor Ort, wie z. B. Baustellen, Bushaltestellen u. Ä. erfordern eine spezielle Erarbeitung. Die acht Arbeitsblätter halten für Kinder wichtige Verkehrsregeln in vereinfachter Form fest.

Eltern sind für den Schulweg ihrer Kinder verantwortlich, darum ist deren Mitarbeit in der gesamten Verkehrserziehung, besonders aber bei Arbeitsblatt, erforderlich.

Verschiedene Bundesländer (z. B. Baden-Württemberg, www.gib-acht-im-verkehr.de), die Polizei, die Deutsche Verkehrswacht[9], der ADAC u. v. m. stellen im Internet ausreichend Informationen, Tipps und Anschauungsmaterial zu Verfügung. Interessant bzgl. Rechtsfragen ist auch die Seite www.unfallkassen.de, die u. a. ein Schulweglexikon enthält.

Tipp: Das Einzeichnen von Pfeilen „⇨, ⇧, ⇩, ⇦" in das Bild kann als Verständnishilfe dienen, um die Blick- oder Gehrichtung anzuzeigen. Zusätzlich kann die Blickrichtung durch ein über den Pfeil gezeichnetes Augenpaar hervorgehoben werden.

Hinweise: An die Zeichnungen der Kinder soll kein Perfektionsanspruch erhoben werden, da die Bilder hauptsächlich zur Bewusstmachung des Handlungsablaufes vor dem „Inneren Auge" behilflich sind.

Sozialform: Einzelarbeit

Technik: Zeichnen und freies Schreiben

Aufgabe: „Zeichne dich selbst in heller und farbiger Kleidung mit deiner Schultasche, an denen Reflektoren zu erkennen sind. So bist du im Straßenverkehr besser zu erkennen – besonders in der Dunkelheit oder Dämmerung.

Alt.-Techniken: Fotografie

[8] Vgl. Ministerium für Kultus, Bildungsplan Grundschule Baden-Württemberg, S. 103
[9] siehe auch www.lernwerkstadt.de

zu Seite 68

☹

Sozialform: Einzelarbeit
Technik: Zeichnen und freies Schreiben
Aufgabe: „Zeichne und/oder schreibe die Gefahren beim Gehen auf der Straße auf."
Hinweise: Auf der Straße zu gehen bedeutet Unfallgefahr. Das ist leider nicht allen Kindern bewusst. Daher sollten die Risiken diesbezüglich in der Klasse vor Bearbeitung des Arbeitsplatzes zusammengetragen und Beispiele in der Klasse besprochen werden.

☹

Tipp: Eine andere Möglichkeit ist, in Gruppenarbeit ein Rollenspiel zu entwickeln, das der Klasse vorgeführt und im Foto festgehalten wird.
Zusätzlich sind den Schülern folgende Verhaltensregeln für den Schulweg nahezulegen:

1. Zügig und z. B. ohne Streitereien gehen.
2. Auf dem Bürgersteig nicht in Fahrbahnnähe, sondern vom Randstein entfernt gehen.
3. Nicht spielen! Besonders gefährlich sind Ballspiele, da Kinder dem Ball auf die Straße hinterherrennen.

☺ … **BESSER ZU ZWEIT ALS ALLEIN.**

Sozialform: Einzelarbeit
Technik: Zeichnen und freies Schreiben
Aufgabe: „Zeichne und/oder schreibe dich und das Kind, mit dem du gemeinsam sicher (vom Straßenrand entfernt) zur Schule gehst."
Hinweis: Natürlich ist es sicherer, wenn Kinder sich nicht alleine auf den Schulweg begeben müssen.
Tipp: In der Klasse ist abzuklären, wer alleine zur Schule geht. Dem Klassenlehrer bietet sich hier die Chance, „Schulweg-Geh-Gemeinschaften" zu vermitteln. Manchmal entwickeln sich daraus sogar neue Freundschaften.
Alt.-Techniken: Fotografie in Form einer Dokumentation, die Schüler mit negativen und positiven Verhaltensweisen auf dem Schulweg präsentiert (Ausstellung)

zu Seite 69

ICH STEHE,

SEHE NACH LINKS,

Sozialform: Einzelarbeit
Technik: Zeichnen und freies Schreiben
Aufgabe: „Zeichne dich in jedes Feld und was du tust, bevor du sicher die Straße überqueren kannst."
Hinweis: Der Randstein des Gehweges muss als Stopp-Linie dargestellt werden.

SEHE NACH RECHTS,

Siehe Tipp auf bzgl. dem Einzeichnen von Pfeilen ⇨ ⇧ ⇩ ⇦, um die Blick- oder die Gehrichtung anzuzeigen.
Die Blickrichtung kann zusätzlich durch ein über den Pfeil gezeichnetes Auge hervorgehoben werden.

KONTROLLIERE.

Hinweis: Kontrollieren bedeutet hier nochmals zu überprüfen, dass beide Fahrrichtungen frei sind.

IST ALLES FREI – GEHE ICH.

Aufgabe: „Zeichne dich, wie du die freie Straße auf dem kürzesten Weg überquerst (nicht rennen oder trödeln)."
Tipp: Zur Einführung im Klassenverband mit Chorsprechen und Bewegungen die Verhaltensweisen handlungsorientiert einprägen wie z. B. bei folgendem Vorschlag:

1. „Ich stehe." – Am Randstein aufmerksam stehen.
2. „Ich sehe nach links und nach rechts." – Alle Fahrrichtungen kontrollieren.
3. „Kontrolle!" – Nochmals nach links und rechts sehen.
4. „Ist alles frei, **gehe** ich." – Zügig auf dem kürzesten Weg über die Straße gehen (nicht rennen oder trödeln).

Alt.-Techniken: Fotografie vom Schulweg-Training, z. B. mit der Polizei

zu Seite 70

ICH STEHE.

Sozialform: Einzelarbeit
Technik: Zeichnen und freies Schreiben
Aufgabe: „Zeichne dich stehend am Zebrastreifen. Schreibe auch dazu."

SCHAUE.

Aufgabe: „Zeichne und/oder schreibe, wie du zwei Mal abwechselnd nach links und rechts siehst."

BLICKKONTAKT UND GEHEN.

Aufgabe: „Ein Auto hält vor dem Zebrastreifen an. Zeichne deinen Blickkontakt mit dem Fahrer im wartenden Auto und wie du sicher über den Zebrastreifen gehst."

ICH STEHE.

Sozialform: Einzelarbeit
Technik: Zeichnen und freies Schreiben
Aufgabe: „Zeichne und/oder schreibe, wie du an der Ampel stehst und wartest."

SCHAUE.

Aufgabe: „Zeichne und/oder schreibe, wie du abwechselnd nach links und rechts siehst."

BLICKKONTAKT UND GEHEN.

Aufgabe: „Zeichne, wie du nun bei grün sicher über die Straße gehst und Blickkontakt mit dem Fahrer im wartenden Auto hältst. Gehe stets den kürzesten Weg über die Straße."

zu Seite 71

Sozialform: Einzelarbeit
Technik: Zeichnen und freies Schreiben
Aufgabe: Klasse 1/2: „Suche dir einen wichtigen Schritt, für das sichere Überqueren einer Straße bei parkenden Autos aus. Zeichne und schreibe, wie du das machst."
Klasse 3/4: „Zeichne ein Comic/eine Bildergeschichte über dich beim sicheren Überqueren bei parkenden Autos."
Tipp: **zur Einführung im Klassenverband**
Mit Chorsprechen und Bewegungen folgende Schritte für eine sichere Überquerung bei parkenden Autos handlungsorientiert einprägen:
Folgende Schritte muss ein Kind bei der Überquerung bei parkenden Autos beachten:

1. **Stehen!** – Am Gehwegrand, hinter den parkenden Autos muss ein Kind zuerst einmal stehen bleiben.
2. **Sehen!** – In die parkenden Autos sehen, ob ein Fahrer darin sitzt und evtl. losfahren möchte.
3. **Vorgehen!** – Ist kein Fahrer zu entdecken und kein Auto fährt los, geht das Kind zwischen die parkenden Autos. Es geht nur soweit, bis es auf die Straße sehen kann.
4. **Sehen!** – Danach überprüft es beide Richtungen auf heranfahrende Autos.
5. **Gehen!** – Ist alles frei, kann die Straße auf dem kürzesten Weg zügig überquert werden.

Hinweise: Die Straßenüberquerung bei parkenden Autos ist für Kinder eine Herausforderung, da sie zwischen den Autos nicht auf die Straße sehen und selbst auch von den Fahrern kaum oder gar nicht gesehen werden können. Daher sind auch vor der Bearbeitung dieses Arbeitsblattes sicherheitsschaffende Verhaltensweisen diesbezüglich einzuüben, wie z. B. im Rollenspiel (Klassenzimmer) und andererseits auf dem Schulhofparkplatz – in der Praxis.
Am sichersten ist es für Kinder diese Situation zu meiden und eine überschaubarere und damit ungefährlichere Stelle für eine Straßenüberquerung auszusuchen. Nach dem Motto: „Am Licht hat man Sicht."[10]
Alt.-Techniken: Fotografie vom Schulweg-Training, z. B. mit der Polizei

[10]Innenministerium Baden-Württemberg, „Das kleine Zebra mit Oskar, Anna und Willi auf dem Schulweg. Eine Verkehrssicherheitsaktion in Baden-Württemberg. GIB ACHT IM VERKEHR", Infoblatt zum Werkheft, S. 2

zu Seite 72

☹

Einführung: Gefahrenquellen für Unfälle in einem kurzen gemeinsamen Gespräch sammeln wie z. B. Steinchen, Gullydeckel, Bordsteinkanten u. Ä. Auch auf mögliche Gefahren hinweisen wie erhöhtes Tempo, plötzlich herausfahrende Autos, abbiegende Personen usw. hinweisen (die von Kindern nicht schnell genug wahrgenommen werden können).

Sozialform: Einzelarbeit

Technik: Zeichnen und freies Schreiben

Aufgabe: „Zeichne Fortbewegungsmittel, mit denen du auf dem Schulweg ein erhöhtes Unfallrisiko hast, und beschrifte diese."

Hinweise: Fahren Schüler mit Rollern, Inlineskates, Skateboards oder Rollschuhen zur Schule, gehen sie ein erhöhtes Unfallrisiko ein. Auch von „Cityrollern" ist abzuraten: Die Kinder erreichen ein hohes, unkontrolliertes Tempo, tragen meistens keinen Helm und Bodenunebenheiten stellen erhöhte Gefahrenpotenziale dar.

Tipp: Prospektmaterial sammeln und den Schülern als Collagematerial zur Verfügung stellen. Dies kann gleichzeitig als Anregung für einen fachlichen Erfahrungsaustausch und für eine sportliche Freizeitgestaltung dienen. Es geht nicht darum, Kindern den Spaß an diesen Fortbewegungsmitteln zu nehmen, sondern ihnen sicherheitsschaffende Verhaltensweisen für den Schulweg zu vermitteln.

☺ **… DEM FAHRRADFÜHRERSCHEIN UND EINEM VERKEHRSSICHEREN FAHRRAD …**

Hinweise: Die Lehrkraft informiert die Schüler über den geplanten Fahrradführerschein und zu welchem Zeitpunkt das Fahrtraining durchgeführt wird. Dieses Feld kann bis zum Erwerb des Fahrradführerscheins frei gehalten werden oder es wird ein Kind mit einem verkehrssicheren Fahrrad hineingezeichnet. Ziel ist, dass Schüler ohne die Begleitung Erwachsener ihren Schulweg so sicher wie möglich bestreiten können.

Sozialform: Einzelarbeit

Technik: Fotografie/Kopie einkleben

Aufgabe: „Klebe ein Foto von dir mit deinem verkehrssicheren Fahrrad oder eine Kopie deines Fahrradführerscheins ein."

Tipps: Zur Arbeitserleichterung kann auch aus einem Prospekt ein verkehrssicheres Fahrrad ausgeschnitten und eingeklebt werden z. B. mit dem Titel „Mein Traumfahrrad". Bei Viertklässlern bietet es sich an, den ausgestellten Fahrradführerschein zu kopieren oder ein Foto aus der Trainingsphase mit der Polizei einzukleben.

zu Seite 73

Elternbrief

Liebe/Lieber ____!

Am ____________________ gingen wir gemeinsam deinen Schulweg. Dabei beachteten wir besonders gefährliche Stellen und haben sie mit dir im Stadtplan markiert.

Unterschrift der Eltern: ____________________________________ Datum: ____________________

Vorbereitung: Genehmigte Stadtplankopie – Ausschnitt
Sozialform: Einzelarbeit
Technik: Weg einzeichnen und Stadtplan-Ausschnitt einkleben
Aufgabe: „Gehe mit deinen Eltern deinen Schulweg ab und entdecke dabei die für dich gefährlichen Stellen. Zeichne deinen Schulweg in den Plan sauber ein. Kennzeichne die gefährlichen Stellen mit Rot. Klebe nun deinen Schulwegplan ein. Denke daran, dass deine Eltern dieses Blatt überprüfen, ausfüllen (siehe oben!) und du selbst unterschreibst (siehe unten!)."
Hinweise: Bei dieser Aufgabe sind Eltern besonders gefordert. Mit ihrem Kind gehen sie gemeinsam den Schulweg ab und entdecken für ihr Kind gefährliche Stellen im Straßenverkehr. Genauso sollten sie beim Eintragen des Schulweges ihr Kind begleiten und das Ergebnis kontrollieren.
Es wäre von großem Vorteil, zu diesem Kapitel „Sicherheit auf dem Schulweg" ein von der Schule begleitendes Informationsschreiben an die Eltern herauszugeben. Im Internet lassen sich entsprechende Beispiele für einen solchen Schulwegplan und Elternbrief finden[11].

Nun weiß ich, welche gefährlichen Stellen ich bei meinem Schulweg beachten muss.

Unterschrift Kind: ____________________________________ Datum: ____________________

[11] Z. B. http://goethe.lernnetz.de

zu Seite 74

☹ **LÜGEN, DIE DIR FREMDE MIT BÖSEN ABSICHTEN SAGEN KÖNNEN:**

Einführung: Als Einführung gibt der Lehrer eine einfühlsame Stellungnahme zur Thematik. Anschließend tragen die Schüler mögliche „attraktive" Lügen von Fremden zusammen, ohne jedoch dabei Angst zu schüren.

Sozialform: Einzelarbeit

Technik: Zeichnen und freies Schreiben

Aufgabe: „Zeichne und/oder schreibe auf, welche Lügen dir Fremde mit schlechten Absichten erzählen können."

Beispiele: **für Lügen:**

- „Ich möchte dir ein kleines Kätzchen/Hündchen zeigen."
- Ein Fremder gibt oder verspricht dir Süßigkeiten, Gameboy usw. – Kindern muss verdeutlicht werden, nie etwas anzunehmen oder solchen Aussagen Glauben zu schenken!
- „Deine Mama (Papa, Oma, Opa, Lehrerin usw.) hat mich geschickt, um …"
- „Deine Mutter liegt im Krankenhaus und hat mich geschickt, um …"

Hinweise: Der Klasse den Begriff „Vorwand" erklären.

Tipp: Das Namensschild des Kindes besser im Inneren des Schulranzens anbringen lassen, dann können Fremde es nicht mit dem Namen ansprechen und auch nicht so leicht das Vertrauen des Kindes gewinnen.

☺ **SO VERHÄLTST DU DICH RICHTIG:**

Einführung: Der Lehrer zeigt Schülern die sicherheitsschaffenden Verhaltensweisen auf.

Sozialform: Einzelarbeit

Technik: Zeichnen und freies Schreiben

Aufgabe: „Zeichne und schreibe, wie du dich in dieser Situation richtig verhältst."

Hinweis: **Sicherheit schaffende Verhaltensweisen**

Natürlich hat nicht jede fremde Person, die mit einem Kind ein paar Worte spricht, böse Absichten. Dennoch muss ein Kind in seinem eigenen Interesse folgende Verhaltensweisen beherzigen:

- „NEIN, das möchte ich nicht!" ist nicht unhöflich, sondern die korrekte Antwort auf die Bitte eines Fremden, ihm den Weg zu zeigen oder ihm die Tasche zu tragen.
- Hast du vor etwas Angst oder beobachtest etwas Merkwürdiges, kannst du in das nächste Geschäft gehen – im Notfall von dort aus telefonieren.
- Verrate nicht deinen Namen und Adresse.
- Steige nie in das Auto einer fremden Person ein – dazu gibt es absolut keinen denkbaren Grund.

Ein Kind sollte bereits von den Eltern wissen, dass es mit fremden Personen nicht mitgehen, in dessen Auto steigen oder sie in die Wohnung lassen darf.

zu Seite 75

☹

Einleitung: Unternimmt ein Lehrer mit seiner Klasse einen Ausflug mit öffentlichen Verkehrsmitteln, sind folgende drei Regeln besonders zu beachten.
Zusätzlich sollten die Schüler die vier Regeln des Kapitels „Sicherheit im Schulhaus", die Verhaltensregeln und höfliche Umgangsformen selbstverständlich weiterhin einhalten.

Sozialform: Einzelarbeit

Technik: Zeichnen und freies Schreiben

Aufgabe: „Zeichne und/oder schreibe auf, was passieren kann, wenn du bei einem Ausflug nicht bei deiner Klasse und deinem Lehrer bleibst."

Beispiele:
- Zug oder Bus verpassen und alleine zurückbleiben
- Sich verirren und nicht zur Klasse und zum Lehrer zurückfinden

☺ **… UND BEI MEINEM LEHRER!**

Sozialform: Einzelarbeit

Technik: Zeichnen und freies Schreiben

Aufgabe: „Zeichne und/oder schreibe auf, wie du vorbildlich mit deiner Klasse und deinem Lehrer unterwegs bist."

Alt.-Techniken: Fotografie

zu Seite 76

☺ ACHTUNG!

Einführung: Klassengespräch und Austausch über Risiken bei unachtsamem Verhalten an Bushaltestellen und Bahnhöfen

Sozialform: Einzelarbeit

Technik: Zeichnen und freies Schreiben

Aufgabe: „Zeichne und/oder schreibe auf, wie du dich an Haltestellen und Bahnhöfen sicher verhältst."

Hinweise: Kindern fällt es schwer zu warten. Daher neigen sie dazu, sich an Haltestellen oder Bahnhöfen lebhaft zu bewegen und zu spielen. Sie vergessen dabei, dass sie sich in Gefahr begeben. Befindet sich dann ein Kind zu nah an der Fahrbahn, entsteht eine höchst gefährliche Situation. Deshalb gilt die Regel „Abstand zum Fahrbahnrand halten", denn „Busse ragen teilweise bis zu 70 cm auf den Gehweg"[12].
Für Kinder heißt es, an Bahnöfen stets hinter der Markierungslinie bleiben und an Bushaltestellen genügend Abstand zur Fahrbahn einzuhalten. Bei alledem sollten sich Kinder den Begebenheiten vor Ort entsprechend angemessen benehmen.

Alt.-Techniken: Fotografie

☺ ICH HINTERLASSE ALLES SAUBER UND VERGESSE NICHTS!

Sozialform: Einzelarbeit

Technik: Zeichnen und freies Schreiben

Aufgabe: „Zeichne und/oder schreibe auf, wie du am Bahnhof oder in einem Bus deinen Platz sauber und ordentlich hinterlässt."

Alt.-Techniken: Fotografie

[12] Innenministerium Baden-Württemberg, „Das kleine Zebra mit Oskar, Anna und Willi auf dem Schulweg. Eine Verkehrssicherheitsaktion in Baden-Württemberg. GIB ACHT IM VERKEHR", Infoblatt zum Werkheft, S. 2

zu Seite 77

Ich-Spezial

Dieses letzte Kapitel „Ich-Spezial" enthält sogenannte „Selbstbeobachtungs-Protokolle". Durch die regelmäßige Auseinandersetzung mit diesen Protokollen machen sich Schüler deren Umsetzung bzgl. der gelernten Regeln und Werte nicht nur bewusst, sondern ziehen ein persönliches Resümee, dokumentieren dies und setzen sich automatisch neue Ziele.

Der Kodex bildet zwar einen klaren Maßstab für Verhaltensweisen, aber für eine erfolgreiche Umsetzung ist die Bereitschaft entscheidend, sich diesem Maßstab zu stellen und sich einer selbstkritischen Beurteilung zu unterziehen. Dies kann nur auf der Basis einer vertrauensvollen Beziehung zum Lehrer geschehen (siehe Kap. II, 1.5, S. 26 und 2.4, S. 30), erst dann sind die Weichen in Richtung positiver Verhaltensänderung gestellt. Aus diesem Grund benötigen Schüler im „Kinderschutzgebiet Schule" regelmäßig etwas Zeit, um in Ruhe und Konzentration ihr eigenes Handeln reflektieren zu können. Auf diese Art und Weise werden bereits kleine Erfolgserlebnisse nicht nur entdeckt, sondern auch festgehalten. Es motiviert Kinder, den Lernzuwachs zu sehen, sich erneut der Herausforderung der Regeleinhaltung zu stellen, d. h. sie sind auf dem besten Weg, starke Persönlichkeiten zu werden.

☺ DIESE REGELN KANN ICH GUT.

Symbol, Nummer und Datum eintragen

Beispiel  03.09.2009						

😐 AUF DIESE REGELN MUSS ICH NOCH ACHTEN.

Symbol, Nummer und Datum eintragen

☹ DIESE REGELN SIND SCHWER FÜR MICH.

Symbol, Nummer und Datum eintragen

Sozialform: Einzelarbeit

Technik: Zeichnen und Schreiben

Aufgabe

- für Anfänger: „Diese Woche vereinbarten wir die Regel  ‚Ich renne im Schulhaus nicht, sondern ich gehe.' Bist du der Ansicht, dass du das immer machst, trage die Zeichen, Nummer und das heutige Datum in ein Feld der ☺-Tabelle ein. Schaffst du das schon manchmal, füllst du damit ein Feld der 😐-Tabelle aus. Ist dir das bis jetzt fast nie gelungen, trägst du alles in die ☹-Tabelle ein. Diese Seite ist geheim und geht niemanden etwas an!"
- für bereits Erfahrene: „Blättere in aller Ruhe deinen Leitfaden durch und überlege, welche Regeln du schon gut kannst, diese gehören in die ☺-Tabelle. Fällt dir eine Regel ein, die du nur manchmal einhältst, trage diese in die 😐-Tabelle ein. Regeln, die für dich noch sehr schwer einzuhalten sind, kommen in die ☹-Tabelle. Trage jedes Mal das Symbol, die Nummer und das heutige Datum in die Tabelle ein."

Hinweise: An dieser Stelle benötigen Schüler sowohl die Anerkennung ihrer Leistung als auch die Ermutigung, sich neue Ziele zu setzen.
Fällt einem Schüler die Selbsteinschätzung schwer, sollte der Lehrer diesem Kind ein oder zwei gelungene Regelumsetzungen mitteilen.

zu Seite 79

☺

Einführung: Klassengespräch und Austausch über Erfahrungen, was für den Schülern ihrer Meinung nach gut ist.
Diskussion über gute/schlechte Gefühle

Sozialform: Einzelarbeit

Technik: Zeichnen und freies Schreiben

Aufgabe: „Zeichne und/oder schreibe auf, was dir gut tut bzw. was gut für dich ist."

Beispiele: Musik hören, malen, mit Mama oder Papa zusammen sein, Rad fahren, ein spannendes Buch lesen, mit Freunden reden und spielen, in der Sonne liegen, das sonntägliche Familienfrühstück, einen Apfel essen, Tee trinken, Pausen usw.

Alt.-Techniken: Fotografie

☺

Hinweis: Vielleicht entwickelt sich in der Klasse eine Diskussion darüber, ob Fernsehen oder Gameboy spielen „gut für sie ist" bzw. auch in welchem Maß. Kinder lernen, dass was man als „gut für sich selbst" empfinden kann, muss noch lange nicht tatsächlich gut für einen sein.

☺

Tipp für Klasse 3/4: Austausch über Musikrichtungen, die gute angenehme oder „coole" aggressive Gefühle auslösen. Der eine Musikstil trägt z. B. zu einem entspannten positiven Gefühl bei, der andere dagegen erzeugt Aggressionen und negative frustrierende Gefühle. Den Schülern sollte durch diese Auseinandersetzung bewusst werden, dass Musik völlig unterschiedliche Gefühle, Stimmungen oder Haltungen erzeugt und damit „mit mir etwas macht".

☺ **RAUM FÜR EIGENE NOTIZEN:**

zu Seite 80

Sozialform: Einzelarbeit
Technik: Zeichnen und freies Schreiben
Aufgabe: „Zeichne und/oder schreibe auf, welchen Beruf du einmal lernen und ausüben möchtest."

DAFÜR BRAUCHE ICH:
Sozialform: Einzelarbeit
Technik: Zeichnen und freies Schreiben
Aufgabe: „Zeichne und/oder schreibe auf, welche Fähigkeiten, Interessen, Materialien und welchen Schulabschluss du dafür benötigst."

zu Seite 81

Sozialform: Einzelarbeit
Technik: Zeichnen und freies Schreiben
Aufgabe: „Zeichne und/oder schreibe auf, welches Hobby, welche Sportart oder Fähigkeit usw. du gut beherrschen möchtest."
Hinweis: Fallen einem Schüler nur zwei Dinge ein, kann er natürlich auch die übrigen Felder leer lassen und zu einem späteren Zeitpunkt vervollständigen.
Beispiele:
- Ich möchte mich mit mehr Ideen und Vorschlägen im Klassenrat einbringen.
- Meinen Arbeitsplatz in Ordnung halten.
- Mich nicht ablenken lassen.
- Bei Gruppenarbeit freundlicher sein.
- Ich möchte versuchen, andere öfters zu loben.

DAFÜR WURDE ICH GELOBT VON …

Sozialform: Einzelarbeit
Technik: Zeichnen und freies Schreiben
Aufgabe: „Zeichne und/oder schreibe auf, für was du heute (oder in den letzten Tagen) und von wem du gelobt wurdest."
Hinweis: Gegenseitiges Loben zu trainieren legt den Grundstein für eine positive Feedback-Kultur.
Siehe auch im Lehrerhandbuch Kapitel 1.4.4, S. 21 Richtiges Loben.
Tipp: Lehrer halten ein ausgesprochenes Lob schriftlich auf dieser Seite fest.

DAFÜR WURDE ICH GELOBT VON …

Beispiele:
Ein Lob von meinem Klassenkameraden:
Du hast mir heute beim Aufräumen geholfen.
Tim, den … Unterschrift …
Ein Lob von meinem Lehrer:
Du machst deine Hausaufgaben verlässlich und sorgfältig.
Frau Remmel, den …
Unterschrift …

zu Seite 82

FACH/BEREICH	DATUM	DAS MÖCHTE ICH LERNEN ...	ERREICHT ✓
MA-THEMATIK	11.4.08	Im Einmaleins die 7er Reihe	18.4.08 ✓
MA-THEMATIK			
D-EUTSCH	30.5.08	Die Großschreibung Lernwörter dieser Woche Geschichten überarbeiten	
D-EUTSCH			
HUS – HEIMAT-UND SACHUNTERRICHT	23.1.08	Den Kreislauf des Wassers	4.3.08 ✓
HUS – HEIMAT-UND SACHUNTERRICHT			
K-UNST	28.11.07	Tiere malen	
TW-TEXTILES WERKEN, BASTELN			
MU-MUSIK	28.11.07	Singen: Lied „Der Papagei ..."	
SP-SPORT	15.12.07	Bankball	23.1.08 ✓
R – RELIGION ...	22.1.08	„Das Vaterunser" auswendig aufsagen können	25.1.08 ✓
F-REMDSPRACHE			
FREIZEIT	4.3.08	Fahrrad fahren	
DA-HEIM	10.3.08	Mein Bett selbst zu beziehen Meine Hausaufgaben rechtzeitig erledigen	
SONSTIGES	12.3.08	Geduldiger sein für einen Tag, eine Woche ...	

Sozialform: Einzelarbeit
Technik: Freies Schreiben
Aufgabe: „Schreibe auf, welche Fähigkeiten du verbessern oder neu lernen möchtest. Trage das Datum ein, an dem du dein Ziel erreicht hast, und hake es ab."
Tipp: Beispiele auf Folie/OHP vorführen (siehe oben)
Hinweise: Dieses Arbeitsblatt ist für Schüler ab der 2. Klasse geeignet. Ihnen muss klar sein, sich realistische Ziele zu stecken, die in einem absehbaren Zeitraum zu erreichen sind. Schüler können für sich selbst eine Ziele-Tabelle anfertigen.

zu Seite 83

Überraschung

Das Kapitel „Überraschung" ist eine Sammelstelle kostbarer Dokumente, die sich ein Schüler im Laufe seiner Schulzeit erarbeitet, wie z. B. Urkunden, Füller- oder Fahrradführerschein, gehaltene Referate, Pässe, besondere Geschichten, Gedichte oder Bilder usw.

Viel Erfolg!